不该忘记的历史

——抗日战争百问百答（上篇）

1931—1945

黄　寰　罗子欣　编著

大连出版社

图书在版编目（CIP）数据

不该忘记的历史：抗日战争百问百答. 上篇 / 黄寰等编著. — 大连：大连出版社，2014.12（2021.6重印）
ISBN 978-7-5505-0823-1

Ⅰ.①不… Ⅱ.①黄… Ⅲ.①抗日战争史—中国—问题解答 Ⅳ.①K265-44

中国版本图书馆CIP数据核字（2014）第277969号

BU GAI WANGJI DE LISHI
不 该 忘 记 的 历 史

出 版 人：刘明辉
策划编辑：王德杰
责任编辑：李玉芝
封面设计：林 洋
责任校对：王德杰
责任印制：徐丽红

出版发行者：大连出版社
地址：大连市高新园区亿阳路6号三丰大厦A座18层
邮编：116023
电话：0411-83627375 / 83621075
传真：0411-83610391
网址：http://www. dlmpm. com
邮箱：wdj@dlmpm.com
印 刷 者：大连金华光彩色印刷有限公司
经 销 者：各地新华书店

幅面尺寸：160 mm × 223 mm
印 张：7.5
字 数：120千字
出版时间：2014年12月第1版
印刷时间：2021年6月第8次印刷
书 号：ISBN 978-7-5505-0823-1
定 价：15.00元

编委会

编　　著　黄　寰　罗子欣

前 言

Preface

我们必须要谨记一段沉重的历史：从1840年鸦片战争开始到抗日战争胜利的105年间，几乎所有的大中小帝国主义国家都侵略过中国，使中华民族蒙受了深重的灾难和耻辱，而我们唯一赢得的，就是抗日战争。那是百年来积贫积弱的中国第一次在一场生死存亡的民族战争中取得胜利，这场胜利改变了中华民族的历史命运，唤醒了沉睡了几个世纪的中国——这是一段不该忘记的历史。

一般而言，抗日战争的时间刻度，是从日本军国主义发起"七七事变"算起的。但我们深深感到，近现代史上，中国人民抵抗日本侵略的战争从19世纪末便已发起。这本抗日战争知识问答的小书，既以14年间华夏大地遍燃抗日战火为主线，又提及全面抗战前后的一些史实。只有这样，我们才能深刻体会，中华民族曾经是如何被外族蹂躏；只有这样，我们才能深刻理解，今天的和平安定是如何地来之不易和值得珍惜。

我们要牢记这段历史，缅怀那些在战争中逝去的无数无辜生灵，缅怀那些为了正义和解放事业奉献了热血和生命的战士，在民族的记忆中保留一段真实的历史。在艰苦卓绝的抗战岁月中，中国人民前赴后继，英勇战斗，做出了巨大的民族牺牲，终于打败了不可一世的日本军国主义，取得了鸦片战争以来中国人民抵御外侮、反抗侵略的第一次彻底胜利。

正是基于这一原因，本书以问答的灵活方式，精选了多条史实，以期读者们能在较短的时间里对抗日的历史有比较全面的了解。重温抗日战争历史，了解今天中日关系，有利于在学生中广泛开展爱国主义教育，增强民族自尊心、自信心，激励大家为振兴中华而努力学习。让我们以抗日的必胜信心，以抗日的忘我精神，牢记历史，展望未来，为在21世纪全面建成小康社会而共同努力。

编著者

目　录

Contents

战略战术

☞《抗日救国十大纲领》包括什么内容

1937 年 8 月 25 日的洛川会议上，中国共产党通过和发布了著名的《抗日救国十大纲领》：

一、打倒日本帝国主义；

二、全国军事总动员；

三、全国人民总动员；

四、改革政治机构；

五、实行抗日的外交政策；

六、实行为战时服务的财政经济政策；

七、改良人民生活；

八、实行抗日的教育政策；

九、肃清汉奸卖国贼亲日派，巩固后方；

十、实现抗日的民族团结。

☞ 为什么说毛泽东的《论持久战》高瞻远瞩

全国抗战爆发后，在国民党内出现了“速胜论”和“亡国论”等论调。在共产党内，也有一些人冀望于国民党正规军的抗战，轻视游击战争。但是，抗战 10 个月的实践证明“亡国论”、“速胜论”是完全错误的。

抗日战争的发展前途究竟如何，一时成了人们关注的问题。1938 年 5 月，毛泽东写的《论持久战》初步总结了全国抗战的经验，批驳了当时盛行的种种错误观点，系统阐明了党的抗日持久战方针。在这篇著作中，毛泽东分析了中日两国的社会形态、双方战争的性质、战争要素的强弱状况、国际社会的支持与否，指出抗日战争是持久战，最后的胜利属于中国。他还科学地预见到抗日战争必将经过战略防御、战略相持、战略反攻三个阶段。他强调“兵民是胜利之本”，抗战胜利的唯一正确道路是实行人民战争。

《论持久战》是中国共产党领导抗日战争的纲领性文献，它指明了抗战的前途，提出了正确的路线。抗战后来的实践，充分证明了这篇著作的预见是完全正确的。

☞ 新四军是如何组建的

1937 年 7 月全国抗战爆发后，中国共产党为了团结抗战，向国民党提出了统一整编南方各地区的红军和游击队，开赴华中敌后抗战的建议。经过两党谈判达成协议。

同年 10 月 12 日，国民政府军事委员会宣布将湘、赣、闽、粤、浙、鄂、豫、皖八省边界地区（不包括海南岛）的中国工农红军游击队和红军二十八军改编为国民革命军陆军新编第四军。

1937 年 12 月 25 日，新四军军部在汉口成立，1938 年 1 月 6 日移至江西南昌。叶挺为军长，项英为副军长，张云逸为参谋长，袁国平为政治部主任，周子昆为副参谋长，邓子恢为政治部副主任。

全军共一万余人，下辖四个支队：第一支队，陈毅任司令员，傅秋涛任副司令员；第二支队，张鼎丞任司令员，粟裕任副司令员；第三支队，张云逸兼任司令员，谭震林任副司令员；第四支队，高敬亭任司令员。

同时，中共中央决定成立中央军委新四军分会，以项英为书记，陈毅为副书记。新四军遵照中共中央对抗日战争的战略方针，在大江南北河湖港汉地区，广泛发动群众，开展游击战争，打击日伪军，创建华中抗日根据地。

☞ 党在抗日战争中为什么要建立敌后根据地

洛川会议后，八路军、新四军挺进敌后，抗击日本侵略军，先后建立了一批敌后抗日根据地。晋察冀抗日根据地是当时建立的第一块敌后抗日根据地。八路军、新四军还建立起晋冀豫、晋绥、山东、苏南、皖东、东江等许多抗日根据地。陕甘宁边区是中国共产党领导全国人民抗战的中心，延安是中共中央的所在地。这些根据地是中国共产党领导的对日作战的敌后战场，严重地威胁着日军后方，有力地配合了国民党正面战场的作战，成为中国人民在日军包围下继续战斗的最坚实的堡垒。

中国共产党依托这些根据地，领导广大军民，坚持独立自主、自力更生的革命精神，广泛开展统一战线工作，建立抗日民主政权，实行减租减息，开展大生产运动，进行经济建设和文化建设，改善人民生活，壮大人民的革命力量，克服了国民党顽固派制造的反共摩擦，粉碎了日本侵略者的多次“扫荡”，广泛地开展抗日游击战争，沉重地打击了日本侵略军。到1945年抗战胜利时，在华北、华中和华南创建了陕甘宁、晋绥、晋察冀、冀热辽、晋冀豫、冀鲁豫、山东、苏北、苏中、苏南、淮北、淮南、皖中、浙江、广东、琼崖、湘鄂赣、鄂豫皖、河南等19块抗日民主根据地，总面积近100万平方公里，人口1.2亿。

☞ 八路军是怎么击毙日本“名将之花”的

1939年10月下旬，日军2万余人分多路对晋察冀抗日根据地北岳区进行冬季“扫荡”。11月3日，八路军在雁崖村歼灭日军500多人。次日晨，日军驻蒙军最高司令兼独立混成第二旅团旅团长阿部规秀中将，亲率日军1500余人准备报复。

阿部是日本侵略军的所谓“名将之花”和“山地战专家”，1938年10月，原第二旅团旅团长常岗宽治少将被八路军打伤后，日本军部以阿部规秀这个刚晋升为中将的名将接替旅团长职务。

晋察冀军区接到敌情报告后，即令第一军分区司令员兼政治委员杨成武统一指挥6个多团的兵力打击这支日军。八路军在民兵配合下，以少数兵力于6日黄昏把日军诱至黄土岭。

黄土岭位于涞源、易县交界处，往东到上庄子，是一条2.5公里长的山谷。八路军于一夜之间完成了对日军的包围。7日，阿部规秀率部准备返回涞源城，被我军伏击。下午16时许，第一团团长陈正湘、政委王道邦发现在黄土岭与上庄子之间的一座独立农宅附近，有多名腰挂战刀的日军指挥官在活动，便命令迫击炮对准目标轰击。原来这正是日军的指挥所，阿部规秀当场毙命。战至8日，我军共歼敌900余人。

在太行山上击毙日本“名将之花”阿部规秀中将，首开日军成立以来中将级军官战死的先例，日本朝野震动，极大地鼓舞了中国军民的抗日斗志。

☞ 儿童团在敌后抗战中贡献了什么力量

在敌后抗日根据地中，包括广大少年儿童在内，都积极投入了抗日救亡运动。早在1938年6月26日，毛泽东同志在为《边区儿童》（半日刊）的题词中教导说：“儿童们起来，学习做一个自由解放的中国国民，学习从日本帝国主义压迫下争取自由解放的方法，把自己变成新时代的主人翁。”

像晋东南八路军总部所在地的武乡县王家峪儿童团，在总部和朱德总司令的关怀下，工作开展得十分出色。他们普遍开展站岗放哨、送情报、捉汉奸等活动。在百团大战中，儿童团的孩子们割草喂军马，为前线送干粮，为兵工厂搜集废铜铁和子弹壳，在反“扫荡”战斗中，他们写标语做宣传，看护八路军伤员等，做了许多力所能及的工作。为掩护八路军总部和弹药库，几名儿童团员在鬼子刺刀下英勇牺牲。

不仅是西北和华北，在各个抗日根据地都建立了儿童团组织，并且在斗争中不断发展壮大。1940年，陕甘宁边区有7万儿童团员，苏北解放区有18万儿童团员，华北抗日根据地有60万儿童团员。在其他广大抗日根据地，也同样活跃着千千万万的儿童团员，他们是团结广大少年儿童参加抗日的核心。据不完全统计，在抗战结束前夕的1945年4月，全国19个较大的抗日根据地，基本上都建立了儿童团或类似名称的革命儿童组织。儿童团为中国敌后抗日做出了重大贡献。

☞ 只有中国才有游击队吗

游击队是在敌统治区、敌占领区、接敌区，以分散、流动、袭击的作战方法打击敌人的一种非正规的武装组织。游击队通常组织简单，装备轻便，行动灵活，同当地群众有紧密的联系。游击队是被压迫阶级和民族争取解放和独立，进行人民战争的一种重要的武装组织形式。

游击队并非中国独有，在美国独立战争中、在欧洲各国抵抗拿破仑一世军队入侵的战争中、在第二次世界大战期间各国反抗侵略的斗争中、在第三世界国家争取独立和解放的战争中，游击队都发挥了重要作用。

中国共产党自领导武装斗争开始，就十分重视建立和发展游击队。在抗日战争中，中国共产党领导的游击队，一般由军队派出或由当地人民群众组成，实行军事系统和地方党委的双重领导制度。通常组成游击支队、大队、中队和特种游击队。主要任务是：发动和组织群众开展游击战争，建设根据地，保卫人民生命财产；迟滞和消耗敌人，破坏敌人交通运输、通信、侦察、指挥、补给系统和各种基地，配合主力部队作战等。

抗日战争证明，游击队是中国人民争取解放和反对侵略的重要武装组织形式。随着抗日斗争形势的发展，抗日游击队大部分人员先后升级编入八路军和新四军主力部队；一部分随着县、区民主政府的成立，改编为区中队、县大队或独立营，成为正规部队。

☞ 东北抗日义勇军是由哪些抗日力量组成的

1931 年“九一八事变”后，中国共产党发出在东北发动民众武装抗日，收复失地的号召，并派出一批共产党员和共青团员到各地开展抗日武装斗争，东北各阶层人民和爱国官兵纷纷组织“义勇军”“救国军”“自卫军”等各种名称的抗日武装，奋起抵抗。这些抗日武装被统称为东北抗日义勇军。

在义勇军中，比较著名的有黑龙江抗日救国军、吉林中国国民救国军、吉林自卫军、东北民众自卫军、东北民众抗日义勇军、东北民众救国军等。参加东北抗日义勇军的不仅有工人、农民、学生、知识分子、东北军官兵、地方官吏和士绅，还有遍布东北各地的绿林武装以及民间团体红枪会、大刀会等。

1932 年夏，东北抗日义勇军发展到 30 余万人，活动遍及东北三省及热河省 172 个县中的 102 个县和沈阳、长春、吉林、哈尔滨、齐齐哈尔等大中城市，迫使日军不得不多次向东北增兵设防，以维护其殖民统治。

东北抗日义勇军的兴起和发展，得到了中国共产党满洲省委的积极支持和援助。在日军强大兵力的进攻下，缺乏统一领导而成分颇为复杂的义勇军，坚持到 1933 年下半年大部分陷于瓦解，只有少部分继续坚持斗争，成为后来东北抗日联军的组成部分。

☞ 东北抗日联军是如何进行战斗的

东北抗日联军是由中国共产党创建和领导的，活动在黑、吉、辽三省的人民抗日武装。1936 年 2 月 20 日，杨靖宇等人联名发表《东北抗日联军统一军队建制宣言》，宣布将东北的多种抗日武装一律改称东北抗日联军，实行统一建制。

从这时起至次年 10 月，东北抗日联军先后改编组成 11 个军，并分编为三路军：第一、二、三路军分别以杨靖宇、周保中、张寿篯（李兆麟）任总指挥。至 1937 年，抗联队伍发展到 3 万余人，先后开辟了东南满、吉东和北满三大游击区，对日军展开了大规模的游击战。

全国抗战爆发后，日军调集 8 个师团和数万伪军、警察部队，采用“部落集团”与“三光政策”，对抗日联军疯狂进攻。抗联在极其艰难的条件下，顽强战斗，战绩卓著，但自身损失也十分惨重。1940 年 11 月至 1941 年 12 月，在苏联远东军的援助下，抗联大部相继转移至苏联境内，进行整训；第三路军两支小部队继续在黑嫩平原开展游击战争。

1942 年 8 月 1 日，进入苏联境内的抗联部队组成东北抗日联军教导旅。1945 年 8 月 8 日苏联对日宣战后，抗日联军配合苏军大举反攻，迅速占领了长春、哈尔滨、沈阳等 70 余座大中城市和县镇，与苏军配合，摧毁敌伪势力，维护社会秩序。1945 年 10 月，东北抗日联军与挺进东北的八路军、新四军合并为东北人民自治军，1946 年改称东北民主联军。东北抗日联军为中国抗日战争、解放战争的胜利发展，做出了重要贡献。

☞ 地道战为什么能神出鬼没，打得鬼子焦头烂额

或许你看过《地道战》这部老电影，描述的是1942年日寇对我冀中根据地进行“大扫荡”，高家庄人民，在党支部书记高老忠和民兵队长高传宝的带领下，把家中土洞和地窖挖成相通的地道。但一天夜里，日寇偷袭高家庄，高老忠敲钟警告壮烈牺牲，地道也遭到了敌人的破坏。高家庄人民总结教训，将仅能容身的地道改造成既能藏身又能出击的多功能地道。1943年夏，高传宝利用地道的翻口击毙了混进高家庄的特务。日军分队长山田纠集了几个据点的兵力进行报复，却被在地道内神出鬼没的高家庄民兵们打得落花流水……

地道战在抗日战争中是真实存在的。在广阔的冀中根据地上，我抗日军民利用地道战神出鬼没，打得鬼子焦头烂额。以定襄县为例，从1942年开始，该县80多个村的民众，共挖了150多条、总长80多公里的地道，其中西河头的地道有5公里长。民兵依靠这些地道神出鬼没地进行了11次战斗，毙伤敌人1100多人，平均每战歼敌100人。

值得一提的是，1945年年初，美军观察组的杜伦上尉还进入冀中地区，亲身参加了地道战。为了掩护他的安全，房东娄大娘被敌人砍去了手指；分区司令员魏洪亮的妻子在自己的孩子哇哇大哭时，死死堵住孩子的嘴，以致孩子窒息而死。杜伦万分感动，认为如此英勇的中国人民必将战胜侵略者。

☞ 地雷战为何能炸得鬼子鬼哭狼嚎

“地雷战，地雷战，炸死了鬼子千百万！”有《地雷战》这样一部电影，说的是抗日战斗时期，胶东抗日根据地赵家庄和附近几个村庄，饱受日寇袭击和“扫荡”。赵家庄民兵队长赵虎，发动群众制造了各种土地雷，布下地雷阵，使日寇受到沉重打击。日军中队长中野从青岛搬来工兵，破坏民兵的地雷阵，并攻入赵家庄烧杀抢掠。赵虎总结失败的教训，进一步改进地雷构造，制造土化学雷，再一次重创日寇……

地雷战始于胶东，并逐渐普及到其他根据地。其中以大泽山区的地雷战最为著名。从1938年开始，这里就开始建立民兵组织进行游击战。起初，民兵只使用上级发下来的地雷打击敌人，后来他们又自己动手制造地雷，给敌人以重大杀伤。日军变得狡猾了，在每次行动时，总是让伪军打头阵，并使用探雷器探雷，民兵埋设的很多地雷被敌人起了出来，铁地雷不太发挥作用了。这时，民兵发明了石雷。

《地雷战》中赵虎的原型之一是于化虎，他在家乡山东海阳赵疃乡带领民兵打击侵略者时，就先后研制出30多种石制地雷，沉重地打击了日本侵略者。据不完全统计，于化虎个人就消灭日伪军171名。1950年，于化虎被授予全国民兵英雄、爆炸大王的光荣称号。

有意思的是，于化虎原名于进生，当时胶东抗日司令员许世友在一次英模大会上对他说："渤海出了一条龙（林化龙），东海要出一只虎，你干脆叫于化虎得了！"从此，于化虎的名字伴随着他的地雷在胶东乃至全国越叫越响。

☞ 为什么说铁道游击队真了得

"西边的太阳就要落山了，鬼子的末日就要来到……"

影片《铁道游击队》描述了抗战时活跃在鲁南铁路上的一支游击队，他们专门破坏日军铁路运输，极大牵制了敌人兵力，有力地打击了敌人，很好地配合了主力部队的作战行动。在日寇与国民党的两面夹击下，铁道游击队当时处境非常艰难，但他们成功地挫败了敌人的多次进攻，把敌人打得落花流水……

"铁道游击队"的原型是鲁南铁道大队，成立于1940年7月，洪振海为首任大队长。洪振海牺牲后，刘金山接任大队长，王志胜任副大队长。游击队主要活动在临枣（临城—枣庄）铁路、津浦铁路韩庄至兖州段。这支由铁路工人、小摊贩、矿工和流浪者组成的非正规部队，舍生忘死，在铁路线上与日军周旋了5年时间，日寇视他们为心腹之患。

國主義

地道战是我国军民在敌后战场开辟的一种新型战斗方式。冉庄地道是一条能打能藏、可守可攻、进退自如的地下长城。冉庄地道战成为中国人民抗击日本侵略者的一个典范。

1945 年 8 月 15 日，日本宣布无条件投降。驻扎在临城的日军拒绝向铁道大队缴械，打算逃到徐州，向国民党军队投降。残留日军乘坐铁甲列车趁夜色悄悄开出临城车站后却被铁道大队切断了前后道路，无奈之下，驻枣庄和临城日军千余人携带 8 挺重机枪、130 多挺轻机枪和两门山炮等轻重武器，向铁道大队投降。如此规模的日军向一支不足百人的抗日游击武装投降，这在当时的受降行动中十分罕见。

☞ 中国共产党为何要在根据地抗日政权中实行“三三制”

1940 年 3 月 6 日，中共中央发出《抗日根据地的政权问题》的指示，指出了抗日根据地政权的“三三制”原则。在此之后，各根据地都按此原则，先后对原有政权组织进行了充实和调整。以陕甘宁边区为例，1941 年 11 月，在陕甘宁边区召开的第二届参议会第一次大会上，为了认真实行“三三制”原则，王维舟等共产党员宣布退出候选人。选举结果，在 18 名边区政府委员中，林伯渠、徐特立等共产党员占 7 人，超过了 1/3。于是，徐特立当即声明退出，经大会通过由党外人士白文焕补上。在这次会上，林伯渠当选为陕甘宁边区政府主席，开明绅士李鼎铭当选为副主席。教育厅、建设厅、民政厅的厅长，也都吸收了进步或开明人士参加。

“三三制”的实行，使共产党团结了各抗日阶级、阶层，调动了一切反对日本帝国主义的阶级和阶层的积极性，进一步发展和巩固了抗日民族统一战线。陕甘宁边区延川县开明绅士、79 岁的李丹生先生就曾作诗赠边区政府主席林伯渠：“林公崛起宰边区，民主维新众口誉；选政三三行伟制，名扬何让古唐虞。”

☞ “皖南事变”说明了什么问题

抗战过程中，我党领导的八路军和新四军不断壮大，成为了国民党政府的眼中钉。

1941年1月4日，叶挺、项英率领新四军军部、一个教导团、一个特务团和第一支队、第二支队、第三支队的各两个团，共9000余人，由泾县的云岭（新四军军部所在地）起程，向茂林前进。茂林地区丛山环绕，断崖绝壁，国民党反动派预先在这里布置了由顾祝同、上官云相指挥的7个师（约8万人）。7日，新四军到达茂林，国民党军立即对新四军实行包围袭击。新四军指战员仓促应战，并致电国民党当局质问。但蒋介石诡称已电顾祝同查询真相，实则密令各部切实执行其"一网打尽，生擒叶、项"的毒计。新四军指战员在军长叶挺的指挥下，奋不顾身，英勇地抗击了国民党反动部队的围攻。经七昼夜血战，终因众寡悬殊，弹尽粮绝，除傅秋涛等率领2000余人突围外，大部皆壮烈牺牲。军长叶挺亲赴敌一〇八师师部谈判，竟被扣押，副军长项英、副参谋长周子昆、政治部主任袁国平等皆遇难。

蒋介石随即又在1月17日以国民党军事委员会的名义，反咬一口，宣布新四军"叛变"，取消其番号，将军长叶挺"革职"，"交军法审判"，并令汤恩伯、李品仙的20余万军队进攻江北新四军。至此，国民党发动的第二次反共高潮已达顶点。

☞ 歌曲《南泥湾》是如何反映大生产运动的

在抗日战争相持阶段，为克服抗日根据地面临的严重困难，中共中央提出了"发展经济，保障供给"的方针，解放区军民开展了大生产运动。

陕甘宁边区警卫部队八路军一二〇师三五九旅，在王震旅长的带领下，于1940年12月至1941年3月开进延安南泥湾屯田开荒生产。经过3年艰苦奋斗，终于将荒无人烟的南泥湾变成了"到处是庄稼，遍地是牛羊"的"陕北江南"，为边区经济建设做出了重要贡献。著名的作曲家马可是当年鲁艺的教员，诗人贺敬之是鲁艺的学员，他们曾在南泥湾烧过木炭，亲身体验过开荒的辛苦，尤其是晚上"睡觉睡不好，蚊子到处咬，伸手抓一把，不知有多少"。他们看到如今的南泥湾变得像江南一样，心情非常激动，创作的灵感油然而生。于是由贺敬之作词、马可作曲，写下了人人喜爱的、传唱了半个多世纪的歌曲《南泥湾》。

在南泥湾精神的鼓舞下，各根据地军民在极其艰苦的条件下开展大生产运动，一手拿枪、一手拿锄，一面打仗、一面生产，取得了显著的成绩，度过了全国抗战八年中最为困难的时期，为争取抗战的胜利奠定了物质基础。

☞ 我党为什么要实行"精兵简政"

1941 年 12 月 17 日，中共中央发出《关于太平洋战争爆发后对敌后抗日根据地工作的指示》，提出必须普遍地实行"精兵简政"。从本年初开始，由于日伪对抗日根据地实行大规模的残酷"扫荡"，抗日根据地明显缩小，财政经济极端困难。在这种情况下，必须相应地缩小军政机构，才能克服物质困难，以适应战争的需要。

在 1941 年 11 月召开的陕甘宁边区第二届参议会第一次会议上，当时米脂县参议会议长、开明绅士李鼎铭等 11 人便有针对性地提出了"精兵简政"的主张。中国共产党对此主张立即采纳，并于当日起开始在各抗日根据地内广泛施行。中共中央指出：为进行长期斗争，准备将来反攻，必须普遍地实行精兵简政；精兵简政，节省民力，是目前迫切的重要的任务。中共中央要求各抗日根据地的政权、党、民众团体脱离生产的人数必须缩减，务求全部脱离生产的人数不超过甚至更少于居民的 3%。中央军委也发出相应指示，要求全军整顿组织机构，精简机关，充实连队，加强基层。中共中央还指示，精简下来的干部不应降级使用，而应集中于山地或送一部分到中央，加以长期培训，以备将来使用。

☞ 整顿党的作风的内容和方针是什么

整风运动是中共中央于 1942 年至 1945 年，利用抗战局面相对稳定之机，开展的全党思想教育运动。

整风运动的内容是：反对主观主义以整顿学风，即从思想上彻底清算机会主义错误，建立理论与实际相统一、马列主义的普遍真理与中国革命的具体实践相结合的正确学风；反对宗派主义以整顿党风，即从组织上清算机会主义错误，加强党内的统一和团结，加强党和人民的团结；反对“党八股”以整顿文风，树立马列主义的文风。

整风运动的方针是：惩前毖后，治病救人，既要弄清思想，又要团结同志。

整风运动的步骤是：第一步为学习阶段。学习马、恩、列、斯、毛的有关著作和党的文件，以提高党员的认识水平。第二步为讨论阶段。通过学习，联系实际，检查自己的思想和工作，进行批评和自我批评。第三步为总结阶段。各单位、各部门和每个党员经过讨论，写出总结。

1945 年 4 月，中共中央扩大的六届七中全会通过了《关于若干历史问题的决议》，整风运动胜利结束。整风运动是一次普遍的马列主义教育运动，也是一次伟大的思想解放运动。它加强了党的团结，提高了全党的理论水平，为中国共产党第七次全国代表大会的召开准备了条件，为抗日战争和解放战争的胜利奠定了思想基础。经过这次整风运动，毛泽东思想被确定为全党的指导思想。

☞ 在延安举行的中国共产党第七次全国代表大会有何重大意义

1945 年 4 月 23 日至 6 月 11 日，中国共产党第七次全国代表大会在延安杨家岭中央大礼堂召开，历时 50 天。出席大会的正式代表 547 名，候补代表 208 名，共计 755 名，代表全国 121 万党员。大会选出毛泽东等 15 人组成主席团，选举任弼时为大会秘书长。

大会的主要议程是：毛泽东做《论联合政府》的政治报告；刘少奇做《关于修改党的章程的报告》；朱德做《论解放区战场》的军事报告；周恩来做《论统一战线》的报告；任弼时做《关于党的历史问题》的报告；通过新的党章，选举新的中央委员会。6 月 9 日，选举中央委员会委员 44 名。6 月 10 日，选举中央委员会候补委员 33 名。6 月 11 日，大会闭幕，毛泽东致题为

《愚公移山》的闭幕词。

中共七大首次将毛泽东思想确立为中共的指导思想，在党章中得到了最终确认。在总结抗日战争及整个新民主主义革命经验的基础上，制定了“放手发动群众，壮大人民力量，在我党的领导下，打败日本侵略者，解放全国人民，建立一个新民主主义的中国”的政治路线。

中共七大是中国共产党在民主革命时期召开的最重要的一次大会，它是团结的大会，胜利的大会，使全党在毛泽东思想的旗帜下形成了空前的团结和统一，并为中国抗日战争和新民主主义革命的胜利指明了正确道路，为抗日战争的胜利和实现中国光明的前途准备了条件。

统一战线

☞ 察哈尔民众抗日同盟军是如何组建起来的

1933 年日军占领热河后,向河北、察哈尔进犯。国民政府继续采取不抵抗政策。5 月 26 日,原国民军将领冯玉祥、方振武,共产党员吉鸿昌组织察绥抗日同盟军,又称察哈尔民众抗日同盟军,在张家口正式成立。冯玉祥任同盟军总司令,同盟军宣布反对《塘沽协定》,武装抗日,收复失地。抗日同盟军成立后,很快由几千人扩大到十余万人。其组成以国民军旧部为基础,还包括东北义勇军一部、驻长城各口的部分抗日军队、地方武装及平津等地的救亡学生。

6 月 20 日,同盟军分兵三路,向北抗击,到 7 月 12 日先后攻克了康保、宝昌、沽源和多伦,把日伪军完全驱逐出了察哈尔省。8 月,在蒋介石的破坏、威胁下,冯玉祥离开了张家口,方振武、吉鸿昌等宣布成立抗日讨贼军,继续在热河和长城一带抗击日军。

但这时,没有想到的敌人出现了。国民党政府由于惧怕人民的抗日力量壮大,也为了讨好日本人,竟然在 9 月下旬,由何应钦派兵围攻扼杀察哈尔民众抗日同盟军。在日军、伪军和国民党军队的夹击下,察哈尔民众抗日同盟军腹背受敌,于 9 月底失败。

☞《八一宣言》提出了什么样的主张

《八一宣言》是中国共产党为建立抗日民族统一战线而发表的宣言。1931 年“九一八事变”后,由于国民党执行不抵抗政策,日本帝国主义侵占了中国东北后又继续侵略华北,中国面临着严重的民族危机。1935 年 7 月,中国共产党驻共产国际代表团根据共产国际第七次代表大会关于建立国际反法西斯统一战线的新方针,起草了《为抗日救国告全体同胞书》,于 8 月 1 日以中国苏维埃中央政府、中国共产党中央委员会的名义公布,通称《八一宣言》。

主要内容有:分析了“九一八事变”后的国内政治形势,揭露日本帝国主义对华北的侵略及企图灭亡中国的野心，痛斥国民党的不抵抗政策。指出中华民族正处在千钧一发的生死关头，抗日救国已成为每个同胞的神圣天职，号召全中国人民动员起来，停止内战，一致抗日。提出中国共产党当前的政治主张是组织国防政府和抗日联军，并提出十条方针作为国防政府的施政纲领。在巴黎出版的中文《救国时报》和莫斯科出版的英文版《共产国际通讯》上刊登了此宣言，传入国内后，在全国各阶层爱国人士中产生了深刻的影响，推动了全国人民的抗日运动进入新的高潮，蒋介石“攘外必先安内”的政策更加不得人心。

☞“一二·九”抗日救亡运动是怎样发生的

1935 年，日本加紧侵略中国，华北危急。

11 月 18 日，北平各大中学学生代表召开联席会议，成立北平学联。12 月 6 日，公开发表成立宣言，提出以反对日本帝国主义吞并中国为核心的 9 项政治纲领，呼吁停止内战、共赴国难，团结全国民众，武装反抗日本侵略者，为中华民族的独立解放而斗争。

12 月 9 日，北平学生“一二·九”抗日救亡运动总爆发。上午，北平各大中学校数千名爱国学生涌上街头，向国民政府军政部长何应钦请愿。他们振臂高呼“打倒日本帝国主义！”“反对华北五省自治！”“打倒汉奸卖国贼！”“立即停止内战！”等，提出了：反对华北自治及其类似组织；反对一切中日间秘密交涉，立即公布应付目前危机的外交政策；保障人民言论、集会、出版自由；停止内战，立刻准备对外的自卫战争；不得任意逮捕人民；立即释放被捕学生。

游行队伍却遭到军警攻击，百余人受伤，30 多人被捕。城外清华、燕京两校学生，因城门关闭未能入城，在凛冽朔风中坚持终日，含泪向围观市民控诉日军在华暴行，指责国民党不抵抗政策。

第二天，北平学联总罢课，积极酝酿更大规模的示威游行。抗日救亡怒潮席卷了整个北平。10 日起，杭州、武汉、上海、广州、南京、济南、天津等地

中華
萬歲
武装
来
卫華北

华北事变令中华民族处在亡国的危急关头。为反对国民党政府成立“冀察政务委员会”,1935 年 12 月 9 日,在中国共产党领导下,北平大中学校的学生数千人齐集新华门进行请愿。学生提出抗日要求,被无理拒绝。他们愤怒至极,立即举行示威游行。

师生等纷纷集会，发表宣言、通电，罢课、游行，以声援北平学生的爱国运动。各地爱国人士也成立救国会，要求国民党停止内战，实现抗日。

☞“七君子”到底指的是哪七位爱国知名人士

1936 年，在中国共产党抗日民族统一战线的推动下，全国兴起了抗日民主运动。5 月，在上海成立了全国各界救国联合会，他们发表声明要求国民政府停止内战，释放政治犯，与红军谈判建立统一的抗日政权。这些声明得到了广大爱国人士的拥护。国民政府为了压制日益高涨的抗日民主运动，竟在 11 月 3 日凌晨深夜逮捕了救国会领袖沈钧儒、邹韬奋、李公朴、史良、沙千里、章乃器、王造时，他们被人称为爱国“七君子”。

为了营救这七位爱国人士，11 月 26 日，宋庆龄在上海为“七君子”被捕而发表了声明，声明中对国民政府悍然逮捕爱国领袖提出了强烈抗议。关在狱中的“七君子”中除了史良女士，其余六人决定用绝食表示抗议。不久，他们又被押送到苏州，四个月后，国民党高等法院对“七君子”提起了“公诉”。在法庭上，“七君子”义正词严的回答，令检察官无言以对。1937 年“七七事变”后，蒋介石被迫宣布抗日，“七君子”才被释放。

☞西安事变是怎样发生的

1936 年，日本帝国主义不断扩大对中国的侵略，蒋介石坚持不抵抗政策，继续内战。以张学良为首的东北军和以杨虎城为首的十七路军被调至陕甘一带进攻中国工农红军。因受中共抗日民族统一战线政策及人民抗日运动的影响，张、杨与红军实现了停战，并要求蒋介石联共抗日。蒋不仅拒绝了他们的要求，还调集嫡系部队至豫陕边境，逼迫他们继续进攻红军。

12 月 4 日，蒋介石飞往西安督战。7 日，张学良到临潼华清池向蒋“苦谏”，请求“停止内战，一致抗日”，却遭拒绝，蒋坚持不改“剿共”政策。9 日，张学良向游行示威的学生表示，一周内用事实答复他们的爱国要求。12

日，张学良、杨虎城发动“兵谏”，当日凌晨，张学良的卫队进抵蒋介石驻地临潼华清池，与蒋的卫队交火。蒋闻枪声，仓皇翻越后墙逃走，被张学良的卫队搜索发现后捕获。同时杨虎城部下将留居城中的蒋介石高级党、政、军官员陈诚等10余人拘押。

同日，宣布取消“西北剿匪总部”，成立抗日联军西北临时军事委员会，张学良、杨虎城任正、副委员长，并通电全国，提出改组南京政府、停止内战、共同抗日、实行民主政治等8项主张。同时致电中共中央，要求派代表到西安共商团结抗日大计，最终促成了国共两党携手抗战。

☞“庐山会谈”谈了些什么内容

“七七事变”第二天，中共中央通电全国：“平津危急！华北危急！中华民族危急！”提出“全民族实行抗战”。

各界人民热烈响应，抗日救国热情空前高涨。7月15日，中共中央向国民党再次表明了中共以民族利益为重，促成全民族抗战的诚意。

在共产党的敦促和全国人民的压力下，17日，国民党代表蒋介石、张冲、邵力子等与中共代表周恩来、秦邦宪、林伯渠等在庐山会谈。中共代表提议以合作宣言为两党合作的政治基础。蒋介石宣布对日作战：“如果战端一开，那就是地无分南北，年无分老幼，无论何人，皆有守土抗战之责任，皆应抱定牺牲一切之决心。”

7月19日，蒋介石对卢沟桥事件发表谈话说：临到最后关头，惟有坚决牺牲，吾人只准备应战，而并非求战。23日，中共发出宣言，表示坚决实行全国抗战，反对一切妥协让步，并提出8项具体办法。其主要内容是：拒绝执行日本提出的妥协条件，立刻增援二十九军，动员全国陆海空军实行抗战，实行全民总动员，立刻实现国共两党亲密合作，创立巩固的抗日民族统一战线等。31日，蒋介石发表《告抗战全体将士书》：“……和平既然绝望，只有抗战到底……”全民抗日之势形成。“庐山会谈”成为建立起抗日民族统一战线的一个重要会议。

☞ 中国海军是怎样镇守江阴一线的

全国抗战爆发初，为阻止华东日军沿长江西进，南京国民政府在江阴建立了一道阻塞线。担任防守任务的是陈季良任司令的中国海军第一舰队。

陈季良毕业于江南水师学堂，历任枪炮官、舰长等职，全国抗战爆发时任海军部次长兼第一舰队司令。战前，他即下定宁愿“鱼腹葬身”也要与日寇拼到底的决心。

1937 年 9 月 22 日上午 9 时，日军 40 余架战斗机和轰炸机携带重型炸弹向江阴袭来，打击中国的防守舰队，而旗舰“平海号”和其姊妹舰“宁海号”则是重点攻击目标。霎时，弹如雨下，火光四起。“平海”舰三面受敌，左舷和中后部当即中弹，舰体遭到破坏。陈季良临危不惧，屹立甲板上，指挥抗敌。全队士气高昂，沉着应战。经 6 个小时激战，“平海”舰击落敌机 5 架，“宁海”舰受伤严重。

次日晨，在 70 余架敌机的疯狂袭击下，“宁海”舰沉没，“平海”舰受重伤。陈季良毫不气馁，率司令部移到“逸仙”舰指挥战斗。

9 月 25 日上午，16 架敌机又袭击“逸仙”舰，弹药消耗殆尽的“逸仙”舰反击能力减弱，最后下沉。陈季良再率司令部人员迁驻于“定安号”运输舰上，坚持战斗。第一舰队各主力舰均被击沉。随后，曾以鼎担任司令的第二舰队接替防守，继续抗敌。直到江阴失陷，日军也未能摧毁江阴封锁线。

保卫江阴封锁线的战斗阻遏了日军沿江西上的企图，粉碎了日军 3 个月灭亡中国的迷梦，保护了长江下游军政机关、工矿企业的安全转移，为抗日战争做出了卓越的贡献。

☞ 布雷游击战是怎么回事

在广大的敌后战场上，中国共产党领导的队伍占了主体地位。国民党也有一小部分队伍进行了敌后游击战斗，譬如，敌后布雷游击战即是如此。这是指从 1939 年 11 月至 1945 年 8 月，为切断日军水上交通线，中国海军在长江中下游开展的布雷游击的防御作战。

长江中下游被日军侵占后，国民政府决定："在长江各段实施水雷袭击，发挥敌后攻势，以截断敌水上交通为目的，袭击其舰艇及运输船为手段，作无定时无定地之钻隙踏虚布雷。"

1939年，中国海军组建长江中游布雷总队，划分监利至黄陵矶为长江第一布雷游击区；1940年，又将鄂城至九江划为长江第二布雷游击区，湖口至芜湖划为长江第三布雷游击区。

中国海军利用自己的游击特点，取得了较好的战果。第一布雷游击区，截至1945年8月，布雷1370枚，炸沉日军大小舰船114艘，包括大型军舰3艘、中型军舰14艘、运输舰32艘、炮艇1艘、各种商船汽艇等64艘。第二布雷游击区，从1940年6月至1941年8月布雷100余枚，炸沉日军舰船8艘。第三布雷游击区，从1940年4月至8月布雷60余枚，炸沉日军汽艇13艘。通过敌后布雷游击战，打击了日军在水面上的优势。

☞ 中国空军如何远赴日本本土进行"纸弹轰炸"

1938年5月20日清晨，日本长崎一家寿司店老板打开店门，发现门前到处是传单。传单上印着汉日对照的文字："尔国侵略中国，罪恶深重。尔再不逊，则百万传单将变为千吨炸弹，尔再戒之。"

日本安保部门立即在辖区内进行搜索，并将传单进行核验，证实传单来自中国。消息传出，当地民众十分恐慌，并对当局所称"日本本土防卫固若金汤"表示怀疑。当天，同在九州岛的福冈市和北九州市也发现了大量中国警告日本的传单。

这是怎么回事呢？原来，全国抗战爆发后，中国军队一直想轰炸日本本土，并组成了以徐焕升为首的特别轰炸中队。5月19日下午3时，由中国空军第十四队队长徐焕升、第十九队副队长佟彦博驾驶的两架马丁式B10轰炸机自汉口王家墩机场升空向东飞去。

携带有100万份传单的机队自宁波出海后先转向南，然后向日本九州岛飞去。5 月 20 日凌晨 2 时 25 分，飞机抵九州岛长崎上空，当飞机高度降至 3500 米时，开始投放传单。之后，双机于 3 时 45 分到达福冈上空，撒下传单并投下照明弹。4 时 32 分，编队飞越北九州上空，将剩余传单全部投放后，向西南沿原路返回。

中国空军对日本本土不耗一颗弹、不流一滴血的"纸弹轰炸"被称为"人道飞行"，在国际上产生了巨大反响，极大地鼓舞了全国人民的士气，狠狠地打击了日本帝国主义的嚣张气焰。

☞ 中国远征军在海外战场怎样抗日

太平洋战争爆发后，日军为迅速攻占东南亚各国和西太平洋诸岛屿，1942 年初由泰国侵入缅甸，攻陷仰光后，又增调 2 个师团，共约 9.5 万人，飞机 250 架，分路向缅甸北部进攻。为保障中国国际交通线滇缅路（中国昆明—缅甸仰光）畅通，中国政府根据《中英共同防御滇缅路协定》，以 3 个军 10 个师共 10 万余人组成中国远征军第一路。

2 月下旬，应驻缅英军总司令胡敦请求，中国由第一路军副司令长官杜聿明率第五、第六军入缅，于 3 月初接替英军仰光—曼德勒铁路以东至泰、老、越接壤地区的防务。之后，又增调第六十六军进至曼德勒地区，并派中国战区参谋长 J. W. 史迪威（美军中将）、第一路军司令长官罗卓英入缅指挥作战。

中国军队的出现，给当地战局带来了希望。中国军人上下齐心，共同努力，在海外战场抗击日军，在保卫东吁、解救英军等多场战斗中，以英勇顽强为世人赞誉。但由于出国时机过晚，盟军作战缺少协同，多头指挥等原因，中国远征军始终处于被动态势，未能达成战役企图。4 月 29 日，腊戌失守；5 月 1 日，曼德勒陷落；5 日，中国云南怒江惠通桥西岸地区被占。远征军被迫先后回撤，至 9 月大部退回云南，一部撤至印度。

但中国远征军并没有止步，以重大的伤亡及几年的艰苦作战，终于配合盟军将日军赶出缅甸，击毙日军 4.8 万余人，完成开辟中印公路的作战任务，为反法西斯战争的胜利做出了贡献。

☞《抗战建国纲领》是怎么一回事

“七七事变”后，国民党政府的生存受到威胁，被迫抗日。1938 年 2 月，蒋介石发表《抗战必胜的条件与要素》，称“广大的土地和众多的人民两个条件，就是我们抗战必胜的最大武器”，“这次抗战，是以广大的土地来和敌人决胜负；是以众多的人口来和敌人决生死。……我们现在与敌人打仗，就要争时间。我们就是要以长久的时间来固守广大的空间，要以广大的空间来延长抗战的时间，来消耗敌人的实力，争取最后的胜利”。这就是被称为“以空间换时间，以小胜积大胜”的长期抗战战略。

1938 年 3 月 29 日，中国国民党临时全国代表大会在武汉大学体育馆召开，这是全国抗战爆发后，国民党政府召开的最重要的一次会议。这次为期 4 天的会议最重要的成果之一是通过了《抗战建国纲领》，提出了国民党政府抗战时期的内外政策。

《抗战建国纲领》是国民党执行“片面抗战路线”的纲领，它表现出单纯依靠政府和军队进行抗战的倾向，缺乏真正动员全国各界各阶层人民，实现全民族团结抗战的勇气；也表现出国民党政府坚决抗战的决心，在当时对于鼓舞士气，振奋民心，打击国民党中的投降主义产生了较积极的影响。

☞《抗日三字经》里有什么内容

《抗日三字经》是抗日战争时期流传于沦陷区的一种手抄本，据说出自抗日名将张自忠之手，对坚定沦陷区人民的抗战信念有着积极的作用。《抗日三字经》的内容如下：

人之初，性忠坚，爱国家，出自然。国不保，家不安，卫祖国，务当先。昔岳母，训武穆，背刺字，精忠谱。岳家军，奋威武，打金兵，复故土。唐张巡，守睢阳，奋战死，称忠良。文天祥，骂元兵，伸正气，留英名。郑成功，守台湾，抗清兵，美名传。刘永福，黑旗军，打法兵，英名存。七月七，卢沟桥，日本鬼，开了炮。佟麟阁，赵登禹，两将军，把兵举，守南苑，攻丰台，身虽死，有荣辱。姚子青，守宝山，一营兵，只余三。段云青，一等兵，身体健，国术精。遇敌舟，跃身上，一挡三，是猛将，左一拳，右扫腿，两倭寇，齐落水，余一寇，逃船尾，刺刀下，立见鬼。阎海文，是空军，打敌机，八架焚。掷炸弹，炸敌轮，轰一声，三舰沉。身受伤，落敌方，从容中，举手枪，先杀敌，后自戕，不屈辱，真叫棒。此数将，军人魂，青史上，美名存。

☞ 为何说四川是中国抗战胜利的大后方

自“九一八事变”后，蒋介石逐步意识到日本全面侵华和中日战争不可避免，并酝酿以四川为基地进行长期抗战准备。1935 年 10 月，他提出“四川在天时地利人文方面，实不愧为中国的首省，天然是复兴民族最好的根据地”。

“七七事变”后，当时的中国政府军队节节败退，从南京到武汉再到重庆。1940 年 9 月后，重庆被正式定为中国战时的首都（陪都），成为中国政治、经济、军事、文化的中心。

全国抗战八年中，川军为挽救国家危亡与日寇激战，牺牲巨大。据统计：四川出川将士达到 300 万，为各地抗日参军人数之最。其伤亡人数约为全国抗日军队的十分之二，即阵亡 263991 人，负伤 356267 人，失踪 26025 人，共计 64 万余人，这在全国各省中也是最多的！

由于四川这个“大后方”是“陪都”所在地，所以负担巨大。抗战最困难时期，估计四川负担了国家财政总支出的 30% 以上。以全国抗战八年总计，国家支出 14640 亿元（法币），四川就负担了约 4400 亿元。四川出粮也最多，仅 1941 年至 1945 年，四川共征收稻谷 8228.6 万石，占全国征收稻谷总量的 38.75%、稻麦总量的 31.63%。

四川人民用自己的劳动、子女，为中国抗日战争的胜利贡献了巨大力量。

☞ 抗日民族统一战线是如何建立起来的

这是在中国共产党领导下，由工人、农民、小资产阶级、民族资产阶级及亲英美派大资产阶级共同组成的抗日统一战线组织。它的建立是华北事变后中日民族矛盾上升为主要矛盾的结果。

抗日民族统一战线包括三种力量：进步力量（即：工人、农民、革命知识分子和其他小资产阶级）、中间力量（即：民族资产阶级、民主党派、一部分地方实力派和其他爱国分子）和顽固力量（即：以蒋介石为代表的亲英美派大地主、大资产阶级）。其主体力量是工人和农民。抗日民族统一战线的中心目标是反对日本帝国主义侵略，保卫民族独立，具有广泛性、民族性的特点。

中国共产党在统一战线中始终坚持独立自主原则，确保无产阶级在统一战线中的政治领导权。在对各阶级的相互关系上，采取了发展进步势力、争取中间势力、孤立顽固势力的总方针，执行“又团结又斗争，以斗争求团结”的政策，坚持“有理、有利、有节”的原则。抗日民族统一战线的历史意义在于它团结了全民族一切抗日力量，为抗日战争的胜利提供了根本保证。

☞“两大战场”有何区别与联系

在抗日战争过程中，中国形成了两大战场：以国民党为主导的正面战场和以共产党为主体的敌后战场。

正面战场执行的是不发动群众，单纯依靠政府和军队的片面抗战路线；敌后战场执行的是动员全民族一切可以团结的力量，争取抗战胜利的人民战争路线，即全面抗战路线。造成这一区别的根本原因是国共两党的阶级立场不同。

从抗战的整体情况来看，正面战场与敌后战场并不是绝对分开的，两者在抗战中相互配合、相互依存，贯穿始终。

在抗日战争的防御阶段，以国民党军队为主体的正面战场起主导作用。由于敌强我弱，国民党的片面抗战，导致正面战场的连续失败，大片领土沦陷。但也应看到，虽然中国打了败仗，却粉碎了日本欲三个月灭亡中国的计划，为建立巩固的大后方赢得了宝贵的时间，同时使日本陷入了中国战场的泥潭，为取得抗日战争的最后胜利奠定了基础。同时，正面战场的大会战有利于敌后战场的开辟；另一方面敌后战场的开辟也促进了正面战场相持阶段的到来。

在相持阶段，以共产党军队为主体的敌后战场成为主战场。它不但减轻了正面战场的压力，还在敌后广泛开展独立自主的游击战争，开辟敌后抗日根据地，把敌人的后方变成抗日的前线，配合了国民党正面战场，另一方面，正面战场的枣宜会战等也配合了敌后战场的百团大战。

☞ 中国工农红军是怎样改编为国民革命军第八路军的

1937 年 8 月 25 日，中共中央军委发布中国工农红军主力改编为国民革命军第八路军的命令。朱德任总指挥，彭德怀任副总指挥，叶剑英任参谋长，左权任副参谋长，任弼时任政治部主任，邓小平任政治部副主任。

下辖三个师：第一一五师以原红军第一方面军和第十五军团为主编成，师长林彪（1938 年 3 月林彪负伤离职后，陈光代理师长）、副师长聂荣臻、政训处主任罗荣桓；第一二〇师以原红军第二方面军为主编成，师长贺龙、副师长萧克、政训处主任关向应；第一二九师以原红军第四方面军为主编成，师长刘伯承、副师长徐向前、政训处主任张浩。8 月下旬至 9 月底，三个师的主力陆续开赴山西前线抗日。9 月 11 日，国民政府军事委员会改第八路军为第十八集团军，总指挥部改称总司令部，总指挥、副总指挥改称总司令、副总司令。10 月，中共中央军委决定在八路军中恢复政治委员和政治机关原有制度，将政训处改称为政治部（处）。

八路军出师前后，中国共产党在西安、太原、上海、南京、武汉、长沙、桂林、兰州、迪化（今乌鲁木齐）、重庆、广州、香港、南宁、洛阳、贵阳等地公开设立八路军办事处或八路军通讯联络机构。中国共产党通过这些合法机构加强了在国民党统治区的工作，动员群众，团结各界爱国人士参加抗日斗争，支援敌后抗日游击战争。

战役战事

☞“七七事变”是怎么发生的

日本侵略者自1931年发动“九一八事变”侵占我国东北后,为进一步挑起全面侵华战争,陆续运兵入关。到1936年,日军已从东、西、北三面包围了北平(今北京)。从1937年6月起,驻丰台的日军连续举行挑衅性的军事演习。

1937年7月7日晚11时左右,在北平西南卢沟桥一带进行挑衅性军事演习的日军以寻找一名“失踪”士兵为借口,要求进入宛平县城搜查,被中国驻军拒绝后,日军随即炮轰宛平城并向卢沟桥一侧的中国守军发动进攻。中国驻军第二十九军三十七师(冯治安师)吉星文团,在营长金振中率领下,奋起还击。

7月9日,中日双方交战部队曾达成口头停火协议。但同时,日本乘机从中国东北和朝鲜抽调军队2万多人和百余架飞机投入华北地区。7月17日,日本陆军参谋本部制定了《在华北行使兵力时对华战争指导纲要》,日本政府决定动员40万兵力,妄图用武力灭亡中国。

“七七事变”是日本帝国主义为实现它鲸吞中国的野心而蓄意制造出来的,是它全面侵华的开始。而全面侵华,在中国建立殖民统治,是日本帝国主义长期推行的方针。“七七事变”也是中国展开全国对日八年抗战的起点。

☞“八一三事变”的经过是怎样的

“卢沟桥事变”爆发37天后,日本侵略军又向上海发动了大规模进攻。中国军队英勇抗击,进行了历时3个月的淞沪会战。

1937年8月9日,驻沪日海军陆战队官兵两人,驱车闯入虹桥机场进行武装挑衅,当即被中国守军击毙。8月13日,日军以此为借口,大举进攻上海,“八一三事变”爆发。驻上海的中国军队第九集团军,在张治中率领下奋起抵抗。中国方面陆续调集6个集团军70余万人抗击,初战获胜。从

8 月 23 日起，日军多次在长江口登陆，攻击守军左翼，遭顽强抗击。随后，日军逐次增兵，总兵力达到 9 个师团 22 万余人，加强上海派遣军的力量。中国军队也陆续增援，不断调整部署。9 月 11 日以后，蒋介石兼任第三战区司令长官。9 月下旬至 10 月初，日军增援部队陆续登陆上海，9 月 30 日拂晓，日军向中国军队发起猛攻。中国守备部队陷于苦战，伤亡惨重。11 月 5 日，日军一部从杭州湾登陆，迂回守军侧后，合围上海。守军被迫撤退。12 日，上海市区陷落。

在淞沪会战期间，日军后期又不断增兵，兵力约 28 万。日本侵略军动用军舰 30 余艘、飞机 500 余架、坦克 300 余辆大举进犯上海。中国军队先后调集 70 余个师、舰艇约 40 艘、飞机 250 架投入战斗。中国军队浴血奋战，毙伤日军 4 万多人，坚守上海 3 个月之久，粉碎了日本军国主义者速战速决的迷梦。日本帝国主义进攻上海，严重威胁到蒋介石的统治，国民党政府被迫实行抗战，从此，全国进入了抗日战争。

☞“百团大战”取得了什么样的战果

为了砸碎敌人的“囚笼”，八路军在 1940 年 8 月 20 日晚，发动了闻名中外的百团大战。八路军主力部队集中了 100 多个团约 27 万兵力，向华北敌占交通线和据点发动大规模攻击。

8 月 20 日到 9 月 10 日，是百团大战的第一阶段，八路军拔除了敌人在华北各主要铁路、公路上的无数大小据点，提出“不留一条铁轨，不留一根枕木，不留一座桥梁”的战斗口号，他们把路基一段段挖掉，把枕木烧毁，使敌人在华北的交通网完全陷于瘫痪。在战役的第二和第三阶段，八路军继续扫除了交通线两侧和深入革命根据地内部的敌人据点，并粉碎了敌人大规模的报复“扫荡”。至 1941 年 1 月，百团大战以我军取得辉煌胜利而告结束。仅在前 3 个半月中，我军共进行了 1800 多次战斗，拔除敌人据点约 3000 个，击毙击伤日伪军 4.6 万余人，俘虏日军 280 多人、伪军 1.8 万多人，破坏桥梁、车站 200 多处，并缴获了大批武器和军用物资。

百团大战是抗日战争中八路军参加兵力最多、规模最大、时间最长、战果最丰硕的一次战役。沉重打击了日寇的嚣张气焰，鼓舞了中国人民的抗战斗志，遏制了妥协投降的逆流，粉碎了国民党顽固派当时所谓的“八路军游而不击”的反共谎言，证明了共产党及其领导的人民军队是抵抗日寇的中流砥柱。

☞ 为什么说平型关大捷打破了日军不可战胜的神话

1937 年 9 月，为配合第二战区友军防守平型关至茹越口和雁门关的内长城一线，八路军总部令第一一五师进至平型关以西之大营镇待机。林彪、聂荣臻等决心抓住日军骄横、疏于戒备的弱点，利用平型关东北的狭窄谷道伏击歼敌。23 日夜，第一一五师师部进至平型关以东之冉庄、东长城村地域。

25 日拂晓，日军第五师团第二十一旅团一部及大批辎重车辆，沿灵丘至平型关公路西进。7 时许，日军全部进入第一一五师之伏击圈，第一一五师乘机全线突然开火，予敌以大量杀伤，并发起冲锋。日军第五师团长板垣征四郎急从蔚县、涞源调兵增援，被第一一五师独立团、骑兵营阻击于灵丘以北及以东地区，并于腰站毙伤其 300 余人。战斗持续到下午 1 时，被围日军全部被歼。

此役，第一一五师共歼日军 1000 余人，缴获步枪 1000 余支、机枪 20 余挺，击毁汽车 100 余辆、马车 200 余辆，我军伤亡 400 余人。

平型关大捷是中国抗日战争正面战场上的第一次完胜，振奋全国，各地纷纷电贺。26 日，蒋介石也不得不致电朱德、彭德怀，称：“二十五日一战，歼敌如麻，足证官兵用命，深堪嘉慰。”

☞ 奇袭阳明堡机场的经过是怎样的

1937 年 10 月上旬，日军突破山西省北部国民党军防线，侵占代县、崞县后，继续南犯。国民党军退守忻口一带，阻止日军进攻太原。

为配合国民党军作战，八路军刘伯承第一二九师第三八五旅第七六九团奉命在代县、崞县以东地区，执行侧击日军后方的任务。

该团进至滹沱河南岸地区，发现日军飞机不断由滹沱河北岸的阳明堡机场起飞，轰炸忻口国民党军阵地。为消灭日军飞机，八路军第七六九团团长陈锡联决定夜袭阳明堡机场。

10 月 19 日夜，第七六九团以一营钳制山西省崞县日军，以第二营为预备队，以第三营为突击队。第三营在当地人民群众的协助下，秘密进入阳明堡飞机场，突然发起攻击，一部歼击日军警卫分队，一部迅速扑向机群，用机关枪、手榴弹向飞机猛烈袭击。经过一个小时激战，第七六九团以伤亡 30 余人的代价，歼灭日军 100 余人，击毁击伤飞机 24 架。

夜袭阳明堡机场，削弱了日军空中攻击力量，有力支援了忻口友军正面作战，成为抗战初期八路军挥师抗战主战场奏响的一次凯歌，提高了八路军的威望。

☞ 忻口战役的情况是怎样的

1937 年 10 月 13 日至 11 月 2 日进行的忻口战役，是抗日战争初期中国军队在晋北抗击日军的一次大规模战役。参加作战的有阎锡山的晋绥军、国民党的中央军和中国共产党领导的八路军。这次战役是由第二战区指挥实施的太原会战的中心战役，第二战区的司令长官是阎锡山，黄绍竑是副长官。朱德为八路军总指挥，卫立煌是前敌总司令。该战役创下歼敌逾万的纪录，是国共两党团结合作、在军事上相互配合的一次成功范例。

忻口是晋北通向太原的门户，是保卫太原的最后一道防线。为守住这道防线，中国军队付出了巨大的代价。战斗中，第九军军长郝梦龄、第五十四师师长刘家麒、独立第五旅旅长郑廷珍到前沿阵地奋勇督战，相继中弹，壮烈牺牲。敌人久攻不下后恼羞成怒，采用毒瓦斯、燃烧弹助攻，还用坑道攻击法逐步进逼。中国守军在艰苦的条件下拼死战斗，双方损失严重，每日

1937年10月,刚由红军改编而来的八路军一二九师七六九团奉命东进,侧击从雁门关南下的日军。途中发现日军在阳明堡机场驻有飞机20余架,而守备兵力却非常薄弱,团长陈锡联果断决定奇袭阳明堡。

伤亡都在千人以上。10 月底，忻口战场局势恶化。第十四集团军赶来晋北，连续冲杀，战斗力渐降。随着太原告急，第二战区做出了新的部署，主要防卫太原。11 月 2 日夜，中国军队离开忻口阵地，向太原撤退。

八路军政治部主任任弼时曾高度评价了忻口战役的功绩。他认为，忻口战役是华北抗战中最激烈的战役，许多忠勇将士的英勇奋斗，是值得每个同胞永远纪念的。

☞ 太原保卫战的作战经过是怎样的

1937 年 11 月 4 日至 9 日，为保卫太原城，第二战区司令官阎锡山组织了太原保卫战。10 月下旬，娘子关失陷后，日军进占阳泉、寿阳，逼近榆次，威胁太原。阎锡山命卫立煌部撤出忻口阵地，回防太原外围，协助傅作义部固守太原。卫立煌部后撤时，遭日军主力追击，损失重大，无法组织新防线，被迫退到汾河西岸。

负责守城的傅作义部 6 日开始与日军交火。8 日，日军东、北两路兵团主力汇集太原城下，发动总攻。在日军飞机的轮番轰炸和炮火的猛烈轰击下，太原东、北两面城墙多处塌陷，日军突破中国守军阵地。

中国守军誓死不退，双方反复拉锯争夺，伤亡异常惨重。9 日，太原城防总司令傅作义见局势已无法挽回，下令所部向西突围，经过激烈巷战，傅作义率守军两千余人向西山突围，太原失守。

这次会战虽然中国方面失利，付出了重大牺牲，但是中国守军英勇抵抗，消耗了大量敌军，争取了时间，也破坏了日军的河北平原会战计划，使平汉线中国军队得以南撤。

太原失守后，中国政府在华北的大规模战事宣告结束，日军虽成功取得大同一带的煤炭资源，但也开始面对中国共产党领导的八路军游击战的威胁，八路军的游击战牵制了部分日军南下。

☞ 南京会战为什么会以失败告终

1937 年的淞沪会战后，日军华中方面军司令官松井石根指挥 7 个师团另 2 个旅团约 20 万人，分南北两路跟踪追击中国军队，并趁势越过吴福线（吴县—福山）和锡澄线（无锡—江阴）两道筑城防线，直逼南京。

国民政府对是否固守南京举棋不定，连续三次召开高级幕僚会议商讨对策，直到 11 月 19 日，蒋介石才决定守南京。但却没有必胜的信心，次日，正式宣布迁都重庆。为此，国民政府成立了以唐生智为司令长官的南京卫戍司令部，辖 12 个师，11 万余人。

12 月 4 日，中日军队开始有小规模接触；7 日各路日军抵近，对南京形成三面包围。10 日，日军发起攻击，经过两天战斗，突破外围阵地，守军退守近郊阵地，镇江弃守。日军继续进攻，于 12 日攻占雨花台，遭守军第八十八师顽强抵抗，继而突入光华门激战。日军第十六师团攻占紫金山，继又攻入中山门，突入城内。日军第十三师团向乌龙山要塞猛攻，另以第九旅团横渡长江企图夺占浦口，切断守军唯一北撤退路。

唐生智奉命突围，下令向江北撤退。部队当晚涌向下关争船抢渡，军心全失，10 万守军顷刻失控。13 日，日军占领南京后，连日屠杀中国军民 30 多万人，史称“南京大屠杀”。

☞ 中国军队是如何取得台儿庄大捷的

1938 年 1—6 月，中国军队以徐州为中心，在江苏、山东、安徽、河南等省抗击侵华日军进攻，这就是徐州会战。此次大会战中，中国军队取得了台儿庄大捷这一空前胜利。

3 月 20 日，日军第十师濑谷启旅团南进，连陷临城（今薛城）、枣庄、韩庄后，不顾第五师进攻受阻，孤军向台儿庄突进，企图攻占徐州。李宗仁命第二集团军总司令孙连仲率部固守台儿庄，第二十军团军团长汤恩伯率部让开津浦铁路正面，转入兰陵及其西北云谷山区，诱敌深入，待机破敌。3

月 23 日，日军由枣庄南下，在台儿庄北侧的康庄、泥沟地区与守军部队交战。24 日起，日军向台儿庄猛攻，多次攻入庄内。第二集团军顽强抗击，与日军展开激战。第五战区以第二十军团主力向台儿庄机动，与第二集团军形成内外夹击之势，并令第三集团军进至临城、枣庄以北，断敌后路。日军为解台儿庄正面之危，速以第五师坂本支队从临沂驰援，进至兰陵北面的秋湖地区，即被第二十军团第五十二军包围。4 月 3 日，第五战区发起全线反攻，4 天激战共歼日军濑谷启旅团大部、坂本支队一部万余人。日军残部于 7 日向峄城、枣庄撤退。

但台儿庄大捷并没从根本上扭转徐州战场的局势。一个多月后，徐州失守，徐州会战失败。

☞ 武汉会战的经过是怎样的，取得了哪些战果

1938 年 5 月 19 日侵占徐州后，日寇又调集 13 个半主力师团和其他兵力共 25 万余人，以畑俊六为总指挥，在空军和海军配合下，沿大别山脉和长江两岸，兵分五路从正面和侧翼向武汉进犯。1938 年 6 月起，日本军队开始进攻武汉外围区域，意图占据中国中原地区，把中国政府和军队压缩到中国边远地区。

为了阻滞日军继续西进，国民党也调动了第五、第九战区和武汉卫戍部队的上百万兵力，蒋介石亲赴武汉指挥，第九战区司令长官薛岳为前线总指挥，组织保卫大武汉战役，即“武汉会战”。

六七月间，武汉东部重镇安庆、九江相继失守。10 月下旬，邻近武汉的鄂城（今鄂州市）、黄冈、黄陂诸城又被日军占领。中国军队在战场上进行了顽强的抵抗，取得了包括万家岭大捷在内的一些重大胜利。中苏空军也以少胜多，取得击落敌机数十架、击沉敌舰船数十艘的战绩。但终因力量不如对方，10 月 25—27 日，武汉三镇沦陷。在武汉会战中，中国军队成功地消灭了约 14 万日军，极大地杀伤了日本军队的有生力量，为战争的后续发

展赢得了时间，为持久抗战打下了基础。

☞ 南昌会战的结果如何

1938年10月，武汉失陷，抗战进入相持阶段后，日军为确保其占领地区，迫使国民党政府早日投降，对国民党战场继续发动局部进攻。1939年3月8日，国民政府军事委员会部署南昌会战，要求第九战区向日军进攻。由于部队调防、补给困难，会战计划由攻势改为守势。

3月17日，日军集中兵力，第十一军司令官冈村宁次指挥12万人，在海、空军的掩护下，分三路向南昌进攻。中国第九战区代司令长官薛岳指挥10个军33个师计20万人展开防御。

日军飞机连续轰炸造成守军战斗力锐减。日军大举进攻南昌达10天之久，守军奋力抵抗，终不敌日军。3月27日南昌陷落。中国军队伤亡达5万多人，百姓不计其数。

4月21日，国民党军队开始反攻，双方展开激烈的争夺战，日军在战场上，大量使用毒气、毒弹，中国军队伤亡惨重，第二十九军军长陈安宝在战斗中为国捐躯。国民党部队反攻失败，南昌失陷。

☞ 随枣会战的过程是怎样的

1939年4月下旬至5月中旬，中国各战区发动“四月攻势”，积极袭扰牵制日军。日军为解除对其武汉和平汉线（北平至汉口）交通的威胁，准备向湖北省西部随县、枣阳地区进攻，企图歼灭第五战区主力部队，以解除困扰。为牵制和阻击日军进攻，第五战区司令长官李宗仁将所属部队编为左、右两集团军和江防军，制定了依托桐柏山、大洪山山区，据守重要城镇，持久消耗日军，伺机反击的方针，准备挫败日军的进攻。

5月1日拂晓，日军在飞机、坦克的支援下，向中国守军发起进攻。中国军队在抵抗中将大部分日军反包围于襄东平原地区，进行猛烈攻击，14

日收复唐河县，16 日光复桐柏，粉碎了日军的合围计划。19 日，中国军队经 4 天苦战，予南返日军以重创，收复枣阳。左集团军第三十九军奉命化整为零，进入山区分散游击；右集团军河东部队及江防军连日发动进攻，袭击日军后方，切断交通，完成任务后于 21 日撤回襄河西岸。22 日向随县迫进，23 日收复随县。日军退回钟祥、应山等原驻地，恢复战前态势，会战宣告结束。

在此次战役中，中国军队在兵力上占较大优势，能协同配合，但兵力使用欠灵活，曾一度处于被动局面，后经全军将士浴血奋战，恢复原态势。此役毙伤日军 13000 余人，达到了牵制和消耗日军的目的。中国军队伤亡 2 万余人。

☞“模范歼灭战”指的是哪场战斗

1939 年 8 月，日寇凭借优势装备在中国疯狂攻城略地、国民党正面战场节节败退之时，八路军一一五师却在山东鲁西梁山地区以劣势装备和与敌相等的兵力将一支装备优良的日军大队（营）予以全歼，创造了抗日战争史上中国军队第一次以同等兵力歼灭日军成建制部队的“模范歼灭战”。

抗战初，日军的一个大队就可以轻松对付国民党军一个师。因此，当八路军东进支队转战至山东时，日军第三十二师团仍按过去习惯派一个步兵大队并加部分骑兵和炮兵，于 7 月底扑向鲁西平原，妄图一举击败一一五师主力。当时我师主力已开赴新区，仅留有特务营和两个连，不足 600 人。

8 月 2 日晨，日寇人马耀武扬威地进至梁山地区，我军特务营侦察员假扮“村长”，将“皇军”迎进了前集村，并用袭击的战术将日军引入八路军早已埋伏好的独山村和乱石冈。

日军放松警惕后，午夜，我军迅速地发起进攻。在炮火掩护下，日军想突围逃跑，他们先集中兵力向我军阵地发起连续冲锋，被我军以手榴弹和肉搏战反击下去后，绝望中，训练有素的日军分为数十股战斗群向我军凶猛反扑，企图用四面开花的战术杀出重围。我军立刻针锋相对将敌分割包围起来。许多百姓也赶来助战，经过火力突击和惨烈的白刃格斗，终于消灭了顽抗之敌。战斗结束，日军除 24 人被俘外，其余全被歼灭，其大队长长田敏江少佐自杀。

☞ 第一次长沙会战的情况如何

1939 年 9 月 1 日，德国进攻波兰，“二战”在欧洲爆发。日本为了配合德、意两国的战争攻势，在中国掀起了新的军事行动。

1939 年 9 月至 10 月，日军进攻长沙。此为第一次长沙会战。

日军侵占武汉、南昌后为巩固、扩大其占领区，企图歼灭第九战区主力于湘北、赣北地区。在日军第十一军司令官冈村宁次指挥下，调集 4 个师团、2 个支队及航空兵、海军各一部，约 10 万人，从赣北、鄂南、湘北三个方面向长沙进攻。

第九战区代理司令长官薛岳率 30 多个师，近 30 万人在赣北、鄂南阻止日军；主力于湘北方面以逐次抵抗消耗日军，挫败其进攻。

9 月 13 日，赣北方面靖安、奉新之敌首先向西猛进，被守军阻于修水地区。鄂南日军于 22 日由通城、长沙坪等地南犯。9 月底先后进占平江、长寿街、献钟等地，以策应湘北南下之日军的行动。湘北方面是日军主攻方向，于 9 月 18 日发动正面攻势，23 日突破新墙河防线，26 日主力强渡汨罗江，28 日抵长沙外围，逐次撤退，并在两翼伏击日军。日军察觉其湘北南下长驱直入之部队，左翼暴露，受到威胁，交通线过长难以保障，为避免陷入不利态势，遂于 10 月 3 日向新墙河以北后撤。中国军队乘日军撤退之机实施反攻，向青山市、福临铺、金井及三姊桥等地追击，先后收复该地。10 月 14 日，日军退至原阵地。

此役是自抗战以来，中国军队首次用武力迫使日军回复到战前原态势的战役。

☞ 为什么日军在昆仑关战役中甘拜下风

在日本人的战史中，认为中国国民党军队只在两次战役中，勇猛程度要超过自己，一次就是昆仑关战役日军第五师团被中央军第五军击败；另一次则是1944年的桂林保卫战。

1939年11月15日，为截断我西南国防交通线，日寇在防城、北海登陆，进占钦州，发起对华南的攻击，桂南会战爆发。11月24日，有“钢军”之称的日军板垣第五师团中村正雄十二旅团进占南宁，一个月后，又攻陷桂南战略要地昆仑关。12月16日，杜聿明奉命率中国第五军反攻昆仑关。18日拂晓，在战车、炮火掩护下，第五军对昆仑关守敌发起猛烈攻击，当夜即乘胜前进，一举占领昆仑关。日军疯狂反扑，阵地在双方手中几次反复。杜聿明亲临前沿阵地指挥战斗，他运用灵活战术，机动作战，随时调整作战部署，成功地包围了昆仑关之敌。31日，昆仑关战役胜利结束，6000余名敌军被歼，旅团长中村正雄被击毙，他临死前在日记本上写道：“第五师团第十二旅团，之所以在日俄战争中获得了‘钢军’的称号，那是因为我的顽强战胜了俄国人的顽强。但是，在昆仑关，我应该承认，我遇到了一支比我更强的军队……”

☞ 第二次长沙会战的作战经过是怎样的

日军为了再次打击中国第九战区的主力，于1941年9月初，由第十一军司令官阿南惟几指挥4个师团、2个支队和航空兵、海军各一部，约12万人，由岳阳以南向长沙地区发动第二次进攻。中国第九战区代司令长官薛岳指挥14个军、近30万兵力，计划在湘北方面诱敌主力于汨罗江以南金井、福临铺、三姊桥以北地区，反击而歼灭之。

9月6日，日军为掩护其主力集中展开并隐蔽主要方向的企图，以一部向临湘以南的大云山地区进犯，守军顽强抵抗，直至17日未获进展。18日，日军正式发起进攻，分多路强渡新墙河，守军在给敌一定杀伤后撤转至侧翼阵地。

26 日，日军主力向长沙猛攻。次日，日本伞兵在长沙东北部降落。28 日，日军一部突入长沙市区，另一部于 29 日进入长沙以南，侵入株洲。中国军队顽强反击，并有一部趁日军在武汉方面兵力空虚，向武汉以西的宜昌一线进击，10 月 1 日，日军被迫由长沙向北撤退，9 日退回新墙河以北地区。

至此，恢复了战前态势，第二次长沙会战结束。

☞ 为什么盟军看重第三次长沙会战

从 1941 年 12 月至 1942 年 1 月，日军为防止中国军队策应广九路香港方面的作战，以第十一军司令官阿南惟几指挥 4 个师团、3 个旅团（支队），约 12 万兵力，发动第三次长沙会战。

薛岳指挥 14 个军共 37 个师的兵力，采用“后退决战”、“争取外翼”的作战方针，将日军诱至长沙附近四面包围，并切断其后路。

12 月 24 日，日军分数路强渡新墙河南犯，中国守军顽强阻击，节节抵抗，然后向东部和南部山地转移。29 日，中国军队第二线兵团从鄂、桂、粤三省源源开至战场，使中国军队保持着外线挺进的有利态势。

1942 年 1 月 1 日，日军向长沙外围守军发起猛烈攻击，守军英勇抵抗。预备十师葛先才团与敌激战两日，最后连伙夫、马夫都上阵与敌肉搏，保住了修械所阵地，全团幸存者仅 58 人。1 月 4 日，第九战区组织全线反攻，日军溃逃，至 16 日日军撤至新墙河以北地区，双方恢复原态势。

第三次长沙会战是太平洋战争开始后，盟国的第一次大捷。英美舆论纷纷赞扬，英国《泰晤士报》发表社论说：“12 月 7 日以来，盟军唯一决定性的胜利是中国军队的长沙大捷。”

☞ 中国军队是如何保卫常德的

1943 年，日军为挽回年初第三次长沙会战和 6 月鄂西之战及整个战局失败的厄运,在常德鼠疫还在流行中,发动了常德会战。

这次战役开始于8月28日,当日,日本中国派遣军总部提出了进攻湖南常德和安徽广德的战役计划,其目的是:消灭中国军队的主力,摧毁中国第二战区的根据地,牵制中国可能调往云南的兵力,以策应日军在南洋的作战。9月30日起,日军出动4个师团的兵力发起进攻,10月30日攻占广德。11月2日发动对常德的进攻。24日,日军主力逐渐接近常德,中国军队积极应战,两军在德山进行激烈的拉锯战。12月2日德山沦陷,3日常德被日军攻占。

日军原就以细菌战攻击常德,在常德大战中又使用毒气35次,每天均在两次以上,守军五十七师中毒官兵达1000余人。此战中的日军使用毒气之多,为抗战以前所未有。但中国将士仍坚持战至最后一人,当日军占领常德时,全城尽是一片焦土。16天巷战,把一座具有5000余座建筑物,拥有14万人口的常德城变成了废墟。

随后,中国军队援救兵团进行反攻,日军不支,主动撤出常德,然后全线退却。中国军队重新夺回常德要塞。

☞ 豫湘桂会战是怎么回事

1944年,太平洋战场日军形势恶化,兵力不足与物资紧缺到惊人的程度:橡胶、钢铁被列为国家资源,禁止向民间出售;华北地区的资源生产遭到当地民兵与八路军连续不断的袭扰,绝大多数地区丧失了生产能力。为了取得东南亚地区的物资,打通中国东北直通越南的“大陆交通线”,日本发起了豫湘桂战役。

日军事先精心准备,兵力也经过大大补充。国民政府的军队一方面因为长期的相持局面放松了警惕,腐败现象滋生,另一方面精锐部队被史迪威调往西南战场,导致豫湘桂作战的大溃败,虽然部分中国军队进行了英勇抵抗,可是日军最终打通了华南交通动脉粤汉铁路,将“大陆交通线”最后打通。

国民政府由于战略指导失误,战役指挥失当,致使河南、湖南、广西、广东等省大片国土被占,空军基地、场站被毁。另一方面,日军尽管达成作战企图,却无力保障“大陆交通线”畅通,也未能阻挡美机空袭日本本土。由于分散了兵力,为中国军队反攻提供了条件。

☞ 桂林保卫战为何令日军震撼

在豫湘桂战役中,日军除在湖南衡阳遭到了中央军的顽强抵抗外,一路所向披靡。很快,日军近7个师团15万兵力、300多辆坦克、30余架飞机、大量重炮集结,准备进攻桂林。

保卫桂林的是广西桂系军队,只有桂军第一三一师1.2万人,加上从各地赶来助战的地方民团,总兵力也不到2万,没有坦克飞机,只有22门火炮,约1/3的士兵还在使用土枪,他们却拒绝执行国民政府最初下达的撤退以保存实力的命令。

1944年10月28日,桂林保卫战开始。日军在飞机大炮的掩护下向桂林城外的屏风山、猫儿山等四个据点进攻,驻守这里的桂军2个营700余官兵一直抵抗到11月4日。日军开始直接进攻桂林城,曾经27次冲入桂林市中心,都因为陷入巷战的泥潭,损失惨重,不得不撤出。日军想从漓江迂回进攻桂林,但被桂军准确的火力杀伤大半,地方民团敢死队甚至身上绑上手榴弹划着竹排去炸毁日军的登陆艇,日军仅仅在漓江上就阵亡7000余人。日军第五十八师团师团长承认:“广西当地土著武装的装备虽差,但是极为凶悍,至死决心甚浓,其勇猛为我军远远不及,我军士气低落到极点……”

最后,日军以毒气进攻,在11月10日勉强占领桂林。据统计,日军伤亡超过3.4万人,日军在战报中哀鸣:“(桂林保卫战是)经历到的最惨烈的战役,并非在于规模,而在于敌军之勇猛。”

☞ 湘西会战如何做到先守后攻的

1945 年春夏交接之际,世界战场的局势已发生巨大的转变。在欧洲战场上,苏联军队已经强渡奥得河,进占波兰,即将对柏林展开最后的进攻;另一边,西线盟军此刻正从法国进入德国作战。在太平洋战场上,美国军队已进攻马尼拉、硫黄岛和冲绳岛。

1945 年 4 月至 6 月间,日军试图攻下湘西的重镇芷江,梦想打开通往四川的道路,调集了 6 个以上师团达 20 余万人的各种联合兵力,疯狂地向湘黔一带的中国军队全面进攻。中国第四、第三方面军及第十集团军在湖南省西部对日军第六方面军所部进行了转守为攻的漂亮回击。

4 月初,日军抢先开始进攻。在战役进行中,中国军队分兵阻击日本军队,直捣雪峰山,取得雪峰山大捷。并在后期进行包围和追击,在中国、美国空军的支持下,最终反守为攻,取得胜利。

湘西会战历时两月,终以日军溃退而告终。据中国军队公布的材料,此役共击毙日军 12498 人、马 1286 匹,毁汽车 292 辆。中国军队阵亡 7737 人,伤 12483 人。

湘西会战是中国抗战正面战场上组织的最后一次会战,也是日军侵华以来最大的一次惨败。由于中国军队备战积极,战术上运用恰当,结果导致雪峰山会战日军几乎全军覆没。经此役后,日军在中国战场上一蹶不振,而中国军队则由防御转入反攻阶段,敌我的力量对比发生了逆转。

☞ 枣宜会战的过程是怎样的

1940 年 5 月至 6 月,中国第五战区部队在湖北省枣阳、宜昌地区对日军华中派遣军第十一军进行了防御作战。

日军为解除威胁,确保武汉,于 4 月中旬调集第三、第十三、第三十九师团,第六和第四十师团各一部及第十八旅团,在第十一军司令官园部和一郎指挥下,采用机动奇袭、两翼包围、分进合击的战术,企图将第五战区主力围歼于枣(阳)宜(昌)地区。

为阻止日军进犯,第五战区确定分为左、中、右3个集团军,采取分路挺进敌后袭击日军,主力向两翼外线转移,相机与日军决战的方针,并调集6个集团军,计21个军56个师兵力参加作战。

盘踞武汉之日军于1940年4月中旬,从湘北、赣北抽调第六师团及第四十师团各一部,连同原驻湖北省境之第三、第十三、第十六、第三十九等师团,另附特种部队,分别集结于钟祥、随县、信阳各地,向我第五战区襄东方面主力部队发动进攻。其作战意图:第一期以枣阳为前进目标,第二期则为侵占宜昌。此役历时一个半月以上,称为"枣宜会战"。

枣宜会战历时近两个月,中国军队英勇抗战,沉重打击了日军,战役虽然最终失败了,但以张自忠将军为代表的中国爱国军人伟大的抗战精神给日军以强烈震撼。

战役的失败也给正面战场造成了极为不利的影响。中国丢失了鄂北鄂西江汉平原富裕的产粮区,日军在宜昌修建飞机场,对重庆等大后方地区狂轰滥炸,加上欧战的不利形势,种种因素的综合,极大影响了重庆国民政府的抗战意志,产生了前所未有的悲观消沉局面,而这正是日本迫降政略中最希望看到的。枣宜会战后是中国抗战最危险的时期。但同时,在这种形势下,激发全国抗战士气、推动抗战继续前进的重任进一步落到了中国共产党及其领导的敌后战场上。

☞ 香港保卫战的过程是怎样的

"三年零八个月"是香港历史上最黑暗的一页,也是香港人所度过的最痛苦的一段时光。经历了18天的火线交锋之后,1941年12月25日晚上,英国第21任香港总督杨慕琦爵士在半岛酒店昏暗的灯光下签署了无条件投降的文件。香港,这一大英帝国在远东最著名的殖民地陷入了日本人之手。

12月25日是西方传统的圣诞节,在人们的印象中应该是一片象征宁静祥和的白色,然而这一天被港人称为“黑色圣诞节”。日本虽然在1938年就占领了广州,但是由于日本并未对英国宣战,所以香港未受战火的波及。港府保持中立,不过已暗自准备,时刻提防日军挥师南下。但是香港的总驻军只有14000人左右,防守可以说是十分脆弱。

英方相信日本不会宣战,因此虽然大批难民从内地涌入香港,而市面情况仍然是一概如旧,港督杨慕琦甚至在12月6日前往半岛酒店出席慈善舞会,香港是一片歌舞升平的景象。然而就在第二天日本不宣而战,突袭美国位于太平洋珍珠港的海军基地,随后日本向美英宣战。12月8日凌晨,日本大本营向第二十三军的司令官发出了“花开”“花开”的特急电报,这是通知日军在马来半岛已经开始登陆的暗语。

接到电报之后,第二十三军的司令官酒井隆中将于当日4点,下达了开始进攻香港英军的命令,香港保卫战打响了。尽管英军顽强抵抗,但是香港保卫战在一开始就注定了结局,因为这颗东方明珠根本就无险可守。香港沦陷之后,日军随即成立了军政厅,由酒井隆出任最高长官,日本人不但在经济上掠夺,还在文化上实行殖民教育,除了禁止使用英文、强迫使用日文之外,还将街道地名全部都改成了日文。

除此之外,盟军飞机的空袭也不时地误炸民居,导致香港市民伤亡惨重,日日生活在恐慌之中。短短三年零八个月,香港人口从160万锐减到60万。由于日占时期的香港在经济民生方面皆受摧残,因此市民普遍对日军反感。到了日军占领的中期,不少香港市民纷纷参加抗日武装,东江纵队下属港九大队之中,就有不少青年知识分子,其中有些人还是家境富裕的英文书院的学生。1945年“八一五”日本宣告投降,香港也结束了这段黯淡的岁月。值得一提的是,抗战结束后,蒋介石曾经试图收回香港,然而英国拒绝交还,美国也不支持,只得作罢。

☞ 中国远征军为何要进行两次滇缅作战

两次滇缅作战,都是为了滇缅公路而起。1942年中国远征军出征缅甸失利，滇缅公路被切断，怒江以西的国土沦入敌手。援华物资的唯一通道仅剩“驼峰航线”空运一途。在将近3年的时间里，“驼峰航线”共损失468架运输机，1579名美军飞行员牺牲，平均每天超过一人。而且完全依赖飞机运输，代价实在太过昂贵。有历史学家考证，“驼峰航线”每运输一吨汽油，路上就要消耗两吨。于是，再次打通滇缅公路成为当务之急。

1944年5月11日，20万中国军队越过怒江向对岸的日军发动反攻。当时的国民政府军政部长何应钦说，这是中华民族历史上第一次抵御外侮的战略反攻，在过去一千年的历史上从来没有过。

此前，第一次中国远征军为保护滇缅公路，出境作战失败，日军一直进犯到怒江边，和中国军队隔江对峙整整两年。

战至1945年1月27日，打过怒江去的中国远征军（Y方面军）和从印度而来的中国驻印军（X方面军）在芒友会师。翌日中印公路在畹町举行通车典礼，滇西反攻历时8个月又16天，以伤亡失踪67364人，歼敌21057人的结果结束。

整个滇缅战役中日双方的死亡比例是3.2∶1，少数几场攻坚战更是达到了10∶1。最为惨烈的高黎贡山、松山和腾冲战役，就是中国军队用尸体铺路的消耗战。面对如此结局，用“惨胜”来形容是恰如其分的。

国耻国殇

☞"九一八事变"的经过是怎样的

1931 年,日本帝国主义悍然发动了"九一八事变"。9 月 18 日晚,在东北的沈阳,趁着夜幕,七八名日本兵将 42 个黄色方形炸药放在距离北大营 800 米的南满铁路铁轨接头处。22 时 15 分,日军悍然点燃炸药包……日本侵略军乘机炮轰沈阳北大营,蓄意制造了"九一八事变"。

蒋介石下令"绝对不抵抗",东北军一枪未发,即让出沈阳城。日军得寸进尺,4 个多月内,辽宁、吉林、黑龙江三省全部沦陷。整个东北沦为日本帝国主义的殖民地,3000 多万东北人民做了长达 14 年之久的亡国奴。

日本强占东北后,中国人民就开始了武装反抗日本帝国主义侵略的斗争。但在 1937 年"卢沟桥事变"(即"七七事变")前,未能形成全国性的民族战争。

9 月 18 日是个耻辱的日子,许多学者认为,日本帝国主义是从这一天开始侵略中国的。现在,辽宁省沈阳、大连、鞍山等大中城市在 9 月 18 日都会有众多纪念活动,长鸣警报汽笛以示警钟长鸣。

☞上海"一·二八抗战"后来为什么会失败

1931 年"九一八事变"后,日本帝国主义得寸进尺,企图侵占上海并把它作为继续侵略中国的基地。1932 年 1 月 28 日夜间,日寇制造事端,进犯上海。日本侵略军由租界向闸北一带进攻,驻守上海的十九路军奋起抵抗,在全国人民抗日高潮的推动下,开始了淞沪抗战。

在中国共产党领导下,上海日本工厂工人举行抗日同盟罢工,各界人民组织反日救国会,纷纷参加抗日义勇军、运输队、救护队等,积极支援前线。淞沪抗战在上海军民的英勇斗争下,激战 33 天,使日本侵略者受到沉重打击,死伤 1 万余人,四度更换司令。而我国军民死伤也高达 1.6 万余人,财产损失超过 20 亿元。

但是,由于国民党政府坚持不抵抗政策,破坏淞沪抗战,十九路军被迫撤离上海。在英、美、法等国调停下，国民党政府和日本签订了卖国的《淞沪停战协定》，规定中国军队撤出上海，日本军队“可暂驻扎”。这个丧权辱国的协定，激起了全国人民的极大愤慨。

☞ 伪满洲国的建立是怎么回事

“九一八事变”后，日本帝国主义抛出一个在中国东北建立“独立国家”的统治方案，企图把东北从中国分裂出去。1932 年 3 月，日本帝国主义扶植早已退位的清朝末代皇帝溥仪，在长春建立伪满洲国傀儡政权，对东北人民实行殖民统治。伪满洲国没有丝毫的独立性，所有政治、经济、军事大权都掌握在日本帝国主义手中，这个政权完全受关东军支配。

1932 年 3 月，由日本内阁会议决定的《处理满蒙问题方针纲要》规定，“对于满蒙，力求在帝国的支持之下，使该地在政治、经济、国防、交通、通讯等各种关系上，体现作为帝国生存的重要因素的作用”，“现在主要由帝国担任维持满蒙的治安”，“应增加帝国陆军驻满洲的兵力……不允许新国家的正规陆军存在”，“对于满洲国政府的要求事项，一切均由帝国政府通过关东军司令官，通知满洲国使之付诸实现”。日本关东军参谋部规定，由关东军司令官任驻满全权大使。从这些规定可以看出，伪满洲国只是日本帝国主义侵略中国的工具。

日本帝国主义通过伪满洲国傀儡政权，大肆掠夺东北的资源，强占田地，残酷地压榨和剥削东北人民。在日本帝国主义的铁蹄下，东北 3000 万同胞过着充满耻辱的亡国奴生活。

☞《塘沽协定》是怎么回事

1933 年 2 月，日本侵略军侵占热河省，接着大举进攻长城要塞，逼近北平、天津。华北局势十分危急。1933 年 5 月 31 日，国民政府同日本签订了卖国的《塘沽协定》。

1931
9月小
18
星期五

1929年，资本主义世界发生了严重的经济危机。日本帝国主义为了摆脱经济危机，决定乘蒋介石全力围剿红军的机会，占领我国东北，逐步吞并全中国，妄图把中国变成它的殖民地。

5月22日,在蒋介石、汪精卫授意下,何应钦派熊斌为中方首席代表,与关东军副参谋长冈村宁次在塘沽仓库楼上谈判。31日,冈村宁次首先提出停战协定草案,并说明这是关东军的最后方案,一字不容更改,要求中国代表在上午11时前做允诺与否的答复,对中方代表熊斌提出的《中国军代表停战协定意见书》根本不理睬。冈村强硬表示,中方对停战协定草案,只能回答"是"与"否",一切声明必须等待停战协定签字以后再行商议。双方相持到10时50分,离最后时限仅10分钟,熊斌被迫在不容修改的日方提案上签了字。

《塘沽协定》规定:(1)中国军队撤至延庆、昌平、通州、宝坻、宁河一线以西以南地区,不能越线前进;(2)日军为确认第(1)款的实行情况,随时可以用飞机或其他方法视察,中方应予以保护;(3)日军在确认中方已遵守第(1)款时,自动撤归长城线;(4)长城线以南及第(1)款所示之线以北以东地域的治安维持,由中国警察机关负责。协定实际默认了日本对东三省和热河的占领。

协定还将绥东、察北、冀东划为日军自由出入区,为日本侵略者进一步控制整个华北地区提供了有利条件。

☞《何梅协定》是如何卖国的

1935年5月初,天津的《国权》社长、汉奸胡恩溥和《振声》社长、汉奸白逾恒同时在日本租界内被暗杀。日本政府以这一事件为口实,并借口遵化县县长接济热河义勇军孙永勤部队是破坏了《塘沽协定》,于5月29日向国民政府提出种种无理要求。同时,大批日军进入山海关,直逼北平、天津。6月初,国民政府军事委员会北平军分会代理委员长何应钦开始和日本中国驻屯军司令官梅津美治郎举行秘密谈判。9日,梅津致何备忘录,提出了国民党撤销在河北境内的党、政、军活动及有关机构,取缔一切抗日团体和反日活动等无理要求。何、梅就备忘录进行反复密商。

7月6日,何应钦在征得汪精卫的同意后,在屈辱的通告上签了字,正式接受日方的各项要求，秘密签订了《何梅协定》。

《何梅协定》的主要内容是：取消河北省的所有国民党党部；中国撤退驻河北的东北军第五十一军、国民党中央军及宪兵第三团；撤换河北省政府主席及平、津两市市长，撤销北平军分会政训处；取缔反日团体及反日活动。这样，中国就丧失了河北及平、津两市的大部分主权，为日本实现其先夺取河北与平津、然后完全吞并华北的计划提供了便利条件。

☞ 日本侵略军是怎样制造"南京大屠杀"惨案的

1937 年 12 月 13 日，侵华日军占领南京，制造了震惊中外的"南京大屠杀"惨案。

当时，南京有常住人口 50 余万人，留下的军人 9 万人、流动人口几万，总人口超过 60 万人。日军在侵入南京的最初 6 个星期中，残杀无辜平民和放下武器的中国士兵达 30 余万人，使全城半数人口惨遭杀害。当时日本本土的报纸竟然沾沾自喜地报道大屠杀事件，内容就包括两个军官在城内进行的杀人比赛；这些第一手的战争记录现在还存放于世界各地的图书馆内。"南京大屠杀"的出现绝不是孤立现象，当时，日寇派到中国战场的新兵需要经 3 个月的训练才能成为一个合格的士兵，在有些部队最后一个训练内容就是用刺刀刺死一名活人。

日军除疯狂屠杀外，还纵火焚烧、奸淫妇女、抢劫财物。短短一个多月，全市 1/3 以上的道路、建筑物和文化古迹被焚毁殆尽，2 万多妇女被强奸和轮奸，公私财物损失达 2300 亿元，极大地毁坏了市民赖以生存的社会生活环境和工农业生产。

南京沦陷前，日军曾在上海、苏州、嘉兴、杭州、绍兴、无锡、常州等地屠杀平民。有日本历史学家曾怀疑中方报道的 30 万被杀平民的数字实际上包括了一批南京以外被杀的华东人口。但据中国历史学家研究，若华东地区被杀人口也计算在内的话，总数可能高达 100 万。

☞ 汪伪政府是如何卖国求荣的

1938 年武汉会战后，抗日战争进入战略相持阶段。这时，日本加紧了对国民党的诱降活动。这种情况下，汪精卫、周佛海等汉奸忍不住跳出来，投入了敌人的怀抱。

1938 年 12 月汪精卫离开重庆，12 月 29 日，在越南发表“艳电”公开投降日本。1939 年年底和日本签订卖国密约《日华新关系调整纲要》，主要内容是：承认伪满洲国；把华北、蒙疆、长江下游和华南岛屿定为“日华强度结合地带”，由日本长期占领；伪政权由日本派顾问或职员操纵；伪军、伪警察由日本教官训练，武器由日本供给；伪政权的财政、经济、工农业及交通等，均由日本控制。一切资源由日本任意开发；协力反共，禁止一切抗日活动。

1940 年 3 月 30 日，汪伪国民政府在南京正式成立，汪精卫任主席兼行政院长。汪伪政权以“和平反共建国”为口号，对内残酷杀害爱国人民，搜刮民脂民膏；破坏抗战，残酷镇压沦陷区人民，并组织伪军配合日军向中共抗日根据地进攻；对外支持日本的侵略战争，并追随日本参加德、意、日《国际防共协议》，为日本建立“大东亚共荣圈”效力。

1944 年 11 月，汪精卫在日本名古屋病死。汪精卫病死后，由另一个大汉奸陈公博任伪国民政府主席。1945 年 8 月 15 日，日本宣布无条件投降。16 日，汪伪政府宣布解散。

☞ 日本鼓吹的所谓“大东亚共荣圈”是指什么

“大东亚共荣圈”是 1940 年由日本近卫内阁提出的侵略构想，以图制造侵略理论，独霸亚洲。

“九一八事变”后，日本鼓吹日、满、华一体论。全面侵华战争爆发后，在 1938 年 11 月 3 日，日本首相近卫发表声明，抛出了“建立东亚新秩序”的计划。1940 年 8 月，近卫内阁制定《基本国策要纲》，进一步把“建立东亚新秩序”扩大为建立“大东亚新秩序”，声称要建设以日本为中心，以日、满、华紧密合作为基础，囊括“大东亚”的新秩序和经济协同圈。同年，外务大臣松冈洋右在8月1日的谈话和7日发表的《皇国外交方针》一文中，主张建立包括南洋在内的“大东亚共荣圈”，自此该词逐渐流行。9月4日，日本的首相及陆、海、外相等四相会议又把南海群岛、印度支那、马来亚、泰国、新加坡、印度尼西亚、缅甸、澳大利亚、新西兰、印度等国家和地区列入共荣圈范围内。

1943年11月5日，日本首相东条英机“邀请”各傀儡政权代表在东京举行“大东亚国家会议”，向内外宣布“大东亚共荣圈”业已建立和完成战争的坚定决心。然而，在战场上，日本军队已开始败退。“大东亚共荣圈”是随着日本侵略战争的扩大而建立起来的，必然随着侵略战争的失败而解体。1945年日本战败投降，“大东亚共荣圈”破产。

☞ 何谓日本侵略者的“囚笼政策”

全国抗战爆发后，八路军和新四军在敌后开展游击战争，收复了大片失地，建立起一系列敌后抗日根据地，引起了日寇的极大恐慌，他们将侵华的86万侵略军中的54万军队压向解放区战场。

从1939年冬开始，日军以铁路、公路为支柱在抗日根据地周围建立了许多碉堡，封锁、分割各解放区，对抗日根据地进行频繁“扫荡”。敌人为束缚抗日军民的手脚，并企图割断太行、晋察冀等战略区的联系，推行所谓“以铁路为柱，公路为链，碉堡为锁”的“囚笼政策”。

敌人的“囚笼政策”，使八路军的敌后抗战面临着严重的困难。当时，刘伯承师长曾生动地比喻说：从“囚笼政策”的意义上来说，铁路好比柱子，公路好比链子，据点好比锁子。日寇现在正忙于装置这样一个“囚笼”，企图把我抗日根据地的军民分割开来，永远做它屠刀下的羔羊，任其宰割。

为了扩大和巩固抗日根据地，八路军总部决定发动交通破击战，重点破袭正太铁路和同蒲路北段，给日本华北方面军以有力打击。这一攻击战在进行过程中演变为百团大战，粉碎了敌人围困我敌后军民的“囚笼政策”，迟滞了敌人向大后方的进攻，提高了我八路军的声望，打击了国民党的投降气焰，鼓舞了全国军民的斗志，坚定了敌后军民争取抗日战争胜利的信心。

☞ 日军在华北是如何推行治安强化运动的

抗日战争期间日本侵略者为巩固和加强在华北的统治，强迫推行一种屠杀与怀柔（奴化）相结合的政策和措施。1938 年 7 月，日军华北方面军根据日本大本营关于确保华北占领地区安定的命令，制定了占据地区《治安肃正纲要》。接着于 1939 年 1 月至 1940 年 3 月，进行了三期肃正作战。1941 年，华北方面军又把治安肃正扩大为治安强化运动，并于 2 月制定了《治安强化运动实施计划》。3 月 30 日，在日军操纵下，伪华北政务委员会开始推行第一次治安强化运动。到 1942 年年底共进行了五次治安强化运动。

日军把华北划分为“治安区”（即敌占区）、“准治安区”（即敌我争夺的游击区）、“非治安区”（即解放区），分别采取不同的政策和措施。对“治安区”以清乡为主，加强保甲制度，严密施行身份证办法和户口调查，实行连坐法，扩大自卫团、警备队，加强特务活动，以禁绝抗日活动。同时，进行各种欺骗宣传，宣扬“王道乐土”，以强化奴化统治。

对“准治安区”以蚕食为主，恐怖政策与怀柔政策兼施，制造无人区，广修封锁沟、封锁墙和碉堡，以推广其占领面，封锁抗日根据地。对“非治安区”则以“扫荡”为主，实行杀光、烧光、抢光的“三光政策”。但在八路军和华北人民顽强斗争下，治安强化运动最后以失败告终。

☞ 日本侵略军的“三光政策”是指什么

在侵华战争中，日军在所谓的“非治安区”以“扫荡”为主，实行极其野蛮残忍的“三光政策”，这就是“杀光、烧光、抢光”。日军妄图用“三光政策”扼杀敌后抗日根据地军民的生存条件，使各敌后抗日根据地人民的生命财产遭到重大损失。

以晋察冀边区的河北省丰润县潘家峪为例,1941 年 1 月 25 日,日军于拂晓前把村庄团团包围。他们挨门挨户抓人,不管男女老幼,连残疾人重病人也都拖出来,集中在村西的大坑里,不愿离家的人立即被活活砍成两段。日军首先杀掉乡长一家,要人们指出谁是共产党,说出八路军的去向。村民们都不开口。日军气急败坏,抓出一个青年,要他说,青年大骂敌人,被砍死。日军又拉出几个妇女,问不出情报后把她们砍死,还将一个孕妇的肚子剖开,胎儿落在地上。日军还在 30 多人身上浇上汽油,点燃后用刺刀逼着他们往坡上跑,同时开枪射击……在这次血腥惨案中,日军共烧死和残杀潘家峪人民 1035 人,其中妇女儿童 658 人,有 30 余户被烧尽杀绝,烧毁房屋 1100 多间。

日军在执行“三光政策”中,杀害我抗日军民 318 万人、抓走 276 万人,烧毁 1952 万间房屋……一笔笔血债,充分反映出日本侵略军的杀光、烧光、抢光的“三光政策”是多么凶残。他们的暴行,在人类历史上留下了不可洗刷的污迹。

☞ 抗日战争中的无人区是怎么出现的

在抗日战争期间,为了断绝人民同抗日队伍的联系,日本侵略者在沦陷区的所谓“准治安区”,制造了大量的无人区。

自 1940 年冬开始直至 1945 年日本投降,日寇在长城两侧制造了东西长 700 里,南北宽 250 里,面积达 17.5 万平方里的“无人区”。

在无人区内,日寇实行“集家并村”,将每十个左右自然村的居民驱赶进一个村庄,集中起来,四周筑以高墙。“人圈”内的人不能与外界接触,不准种十里以外的土地。所有壮丁都编入“自卫团”,同时又是“勤劳奉公”队的队员,晚上值勤巡逻,白天充做苦役。“人圈”内有严密的敌特组织,经常对人民实行“大检举”,以“思想犯”“政治犯”“通匪犯”“运输犯”等名目任意加以杀害。敌人在划定的“无人区”内,经常进行搜查。

日寇在制造“无人区”的过程中，野蛮地推行彻底的“三光政策”，并进行割光（庄稼）政策。日军所到之处，人、畜、财、物、田产一扫而光，无一幸免，致使许多村镇成为废墟。几年当中，长城内外因敌人制造“无人区”而被屠杀的中国民众达 10 万人之多。“无人区”是日本侵略者在中国犯下的滔天罪行的历史见证。

日军以极其残酷的破坏，妄图动摇中国军民的抗战意志。但事实恰恰相反，我敌后根据地军民团结一心，同仇敌忾，更加坚定了同日寇做斗争的决心。

☞ 常德细菌战造成了怎样的后果

常德是湖南最早的古城，自古为南北交通要道，抗战时更是连通湘鄂、川黔的军事重镇。日军为封锁这个中国粮仓，并向中国四川大后方传播疫情，于 1941 年 11 月 4 日清晨进行了灭绝人性的细菌战。

当日，日军从事细菌战的 731 部队和“荣”字 1644 部队，公然违反国际公约，在常德城及近郊石公桥、镇德桥等地投下大量装有鼠疫跳蚤的谷、麦、棉絮及其他不明的物质，发动了细菌战。鼠疫很快就在常德附近流行，据当时记载，死亡达 106 人。

近几年，美、日、中等多国专家学者进行了大量调查、取证，研究表明，在 1941 年 11 月的细菌战后，常德的鼠疫流行了两年，受害者达 7000 多人。至于日本侵略者在常德实施细菌战进攻所造成的经济、精神上的损失，更无法统计。

事实上，这只是日本侵华细菌战的一小部分。日本作为国小、人少、缺矿的岛国，为发动征服中国和世界的战争，实现“大东亚共荣圈”的美梦，把研究和实施细菌战作为达到侵略目的最绝密的手段。有资料统计，“日军曾在我国 20 个省区进行过细菌战……造成疫病大流行，势颇猖獗，惨绝寰宇”。有据可查的就有 27 万无辜人民死于细菌战中，还不包括军人和其他书刊报纸登载的人数。八年全国抗战中，边区患传染病者就约有 1200 万人。

☞ 731 部队在中国犯下了哪些滔天罪行

731 部队是侵华日军设在中国规模最大的细菌部队，也是世界战争史上规模最大的一支细菌部队。石井四郎于 1932 年将日本国内的实验基地转移至满洲，在哈尔滨市以南的背荫河镇建立了细菌实验工场，1935 年转移至平房。

有充分的资料证实，这支部队在长达 12 年的时间里，疯狂研制鼠疫、伤寒、赤痢、霍乱、炭疽、结核等各种病菌，并在至少 5000 名中、苏、朝战俘和平民的健康人体上，进行过包括活体解剖和各种生物菌培养在内的大量惨无人道的实验。

近年来，中国专家学者通过多年的调查取证，发现了日军细菌实验的“特别输送档案”、野外人体冻伤实验等大量资料。2002 年 9 月，中国有关专家宣布在侵华日军 731 部队安达实验场遗址处发现了 11 枚土陶制细菌弹片，同时确认了关押细菌实验活体的“囚室”遗址的存在。这是中国在受害者和加害者证言基础上，首次发现当年侵华日军 731 部队进行野外人体实验的最直接证据。

“二战”结束前，日军为消灭罪证，焚烧和炸毁了大部分资料和设施，部分资料移交美军，对战后西方研究细菌战产生了重大影响。731 部队的活动自始至终都是围绕侵略、征服和屠杀而进行的，他们所谓的研究完全背离了科学的轨道和人道文明的准则，它的历史是一部充满血腥的罪恶史。

☞ 为什么说慰安妇制度是人类历史上最大的耻辱之一

慰安妇是指第二次世界大战时期，被迫为日本军人提供性服务、充当性奴隶的妇女，是日本军队专属的性奴隶。慰安妇制度是 20 世纪人类历史上最大的耻辱之一。

入侵华中和华北后，日军决定在军中开设“陆军娱乐所”（后来还出现在东南亚各国），强迫中国、朝鲜、东南亚各地和少数白人妇女充当军队的慰安妇，无数良家妇女和无瑕少女成为日军“慰安所”里的牺牲品。日军在中国的暴行在人类文明史上留下了可耻的一页。

充当慰安妇与自愿成为军妓显然有本质的不同，前者是在日军的刺刀下被强行逼迫的结果，是日军有组织、有计划强征或骗征的，而后者则主要是出于一种经济利益考虑的自愿行为。慰安妇的身上，留下了太多血泪的耻辱。

为了教育后代不忘历史，目前一些亚洲国家已把有关慰安妇的历史编入小学课本。作为今天的小学生，应当了解中国妇女被日军强迫充当性奴隶的历史，知道日军暴行之残酷、野蛮，这是人类史上最黑暗的一页，是任何文明社会所难以想象的。只有记住我们这个国家和民族曾经遭受过的惨痛一幕，才能让我们更加珍惜今天的安定生活，激励我们奋发图强。

☞“花园口决堤事件”是如何发生的？它给老百姓带来了多大伤害

1938 年 4 月 13 日，陈果夫写信给蒋介石，主张在河南武陟县的沁河口附近掘开黄河北堤，“以水反攻制敌”。同年 5 月，徐州陷落，日军土肥原师团沿陇海铁路向西进军，攻占开封，逼近郑州。蒋介石见形势对他不利，便采纳陈果夫的建议，电示第一战区司令长官程潜核办。

6 月 4 日上午，商震部第五十三军一个团奉命在中牟县赵口掘堤。因堤坚未成，6 月 6 日，新八师师长蒋在珍建议在花园口掘口。7 日，加派新编第八师一个团，改在郑州东北花园口用平射炮轰击黄河大堤，9 日放水。后扩大决堤口至 370 余米。

花园口黄河大坝的溃堤导致黄河下游部分地区交通全部中断，虽然达到了缓解日军推进的目标，同时也令黄河下游地区遭到毁灭性的打击，黄河从花园口东南泛流入贾鲁河和颍河，淹没豫、皖、苏 3 省 44 个县市。89 万人溺死，约 1250 万居民遭受水灾。这次的黄河泛滥区也成为了日后中国地理上最大的黄泛区。而日军放弃以主力沿淮河西进大别山的计划，改为以主力沿长江两岸向武汉推进，另以一部由淮河以南西进，再翻越大别山，进攻汉口。武汉会战随后爆发。

这一事件发生之后，中国政府一度对外宣称是日军飞机轰炸所致，但不少民间媒体提出质疑。抗战胜利以后，国民政府仍坚持日军飞机轰炸的说法，但随着当事人和亲历者的回忆资料陆续面世，以及日本和国民党政府军事档案的公开，这一秘密渐为人知。而国民党政府也承认了自己挖开花园口堤坝的事实。

花园口的决堤，虽然有日寇侵略的关系，但是主要责任是由于国民党中央军的主要将领桂永清和黄杰不听调遣，贪生怕死，擅自逃跑，导致原来制订的兰封作战计划全盘崩溃，最后才出此下策。

☞"重庆防空洞惨案"是怎么发生的

抗战期间，为躲避日军飞机的轰炸，重庆政府挖掘了多条防空洞。大隧道是其中之一，位于重庆市区中心地带较场口，是专供一般市民用的公共防空设施，由 7 段隧道组成。这段隧道有 3 个出口，分别在十八梯、石灰市和演武厅。

每个出口都有木栅制成的大栅门。隧道两旁仅有木板钉成的长凳，每隔三四十米有一盏黑暗的油灯。防火、防毒、医药、电话、建筑等设备均无，通讯设备也尚未启用。这段隧道全长 2.5 公里，是 7 条隧道中最大的一条，一般容量为 4300 余人，最多可容纳 6500 余人。

1941 年 6 月 5 日晚 9 时许，日军对重庆进行大规模的"地毯式"反复轰炸。市中区居民因准备不充分，接到警报后未及时疏散开，于是如潮水般地拥向公共防空大隧道中，洞内避难人数较往常激增一倍，达到万余人，几近饱和。由于洞内水泄不通，新鲜空气减少，温度逐渐升高，隧道中间和尾端的人受到窒息的威胁，开始向洞外挤，洞口的人为安全又往里挤，秩序出现混乱。

而当时，管理隧道口的国民党宪兵及防护人员却视避难群众如囚徒，紧锁栅门,不准隧道内的市民在空袭期间出入隧道。在长达10小时的高温和严重缺氧的情况下,除身处3个洞口较近的近百人得以出洞幸免于难外,其余近万名避难人员因窒息而死。大部分死者因窒息、挤压,衣服被撕烂,皮肤变成蓝黑色,面目全非,惨不忍睹,造成了骇人听闻的"重庆防空洞惨案"。隧道内避难的死亡市民9992人,其中儿童1151人,重伤者1510人,轻伤者不计其数。

☞ 在日本侵华的过程中,中国的损失有多大

日本在对东北14年的统治中,仅1932—1944年,就从东北掠夺了2.23多亿吨煤、1100多万吨生铁、580多万吨钢。1942—1944年的3年间,征收的粮食970万吨被直接运往日本。据统计,1944年年末,日本开拓移民占地共达152.1万公顷,占东北全部耕地的1/10。

日本为了支付其巨额军费开支,在中国沦陷区发行了大量公债,仅以日元计值的就有大东亚战争国库债券、大东亚特别国库债券、大东亚割引国库债券、中国事变国库债券、战时报国债券、日本国库债券、日本债券等45种之多,计为当时的日币26亿日元,加上以伪满币、中储券、中联券、旧台币计值的,按当时的外汇兑换比值计算,日本战后残留在中国的公债约为471亿日元,这还不包括日本在抗日根据地周边和伪蒙疆地区发行的公债、日伪发行的变相公债、在台湾发行的邮政储蓄券等。

日本对关内沦陷区经济的掠夺,仅据金银币、金银条、船舶、工矿、道路、交通、港口、农村水利、住房私产、资源减损、军费损失等各项公私财产直接损失的不完全统计,即达559.43844亿美元。例如湖南全省78县市,被敌沦陷者44县市,被敌侵扰者11县,被轰炸者9县,总计全省人口伤亡262.2383万人。

日本侵华战争期间,巧取豪夺中国大量文物。据统计有书籍、字画、碑帖、古物、仪器、标本、地图、艺术品、杂件等共3607074件另1870箱,被劫古迹741处。

纪念抗日战争胜利50周年前夕，中国军队和地方研究机构与政府调查统计部门共同就日本侵华战争给中国造成的损害进行分析研究，得出如下结论："据近年调查研究的不完全统计，在抗日战争中，中国财产损失600余亿美元（按1937年美元计算），战争消耗400多亿美元，间接经济损失达5000亿美元。"至于日本侵华战争造成中国工业化迟滞所产生的损失更是数额巨大。

英雄儿女

☞ 吉鸿昌为什么要坐着直面死亡

吉鸿昌将军去世比“卢沟桥事变”还早3年,杀害他的不是日寇,而是国民党匪徒。1934年11月24日,长期坚持抗日的吉鸿昌态度从容、谈笑自若地走上刑场,以树枝作笔,大地为纸,疾书就义诗:“恨不抗日死,留作今日羞。国破尚如此,我何惜此头!”然后,厉声对刽子手说:“我为抗日而死,不能跪下挨枪,我死了也不能倒下!给我拿椅子来,我得坐着死。”接着又说:“我为抗日死,死得光明正大,不能在背后挨枪。你在我眼前开枪,我要亲眼看到敌人的子弹是怎样打死我的。”当刽子手颤抖地举起枪时,他奋力高呼:“抗日万岁!”“中国共产党万岁!”

吉鸿昌于1895年10月出生于河南省扶沟县的贫苦农民家庭。1913年,加入冯玉祥的队伍开始军旅生涯,北伐战争后接受了共产党的主张,并准备起义、参加红军,后来被迫“出国考察”时宣传抗日,号召海外侨胞“用热血拥护祖国”。“一·二八事变”后,他立即回国率旧部起义,由于敌人的围追堵截遂致失败,突围进入苏区。这年秋,吉鸿昌加入共产党。

1933年5月,吉鸿昌任察哈尔民众抗日同盟军第二军军长。6月,他被任命为北路前敌总指挥,率部北进,三战三捷,收复多伦。一年后,又在天津成立了反蒋抗日的大同盟中央委员会,出版刊物《民族战旗》。

此时,国民党的毒手对准了他。狱中,他积极宣传党的抗日救国主张和抗日民族统一战线政策,痛斥蒋介石卖国求荣的罪行。面对酷刑,毫不畏惧,大义凛然,英勇就义。

☞ 赵一曼是怎样宁死不屈的

东北抗日战场上,曾有一位名扬四方的女英烈,连敌人的报纸也惊叹她“红枪白马”的英姿。她就是被郭沫若盛赞为“甘将热血沃中华”的抗日女英雄——赵一曼。

1935年,在东北从事抗日斗争的赵一曼负伤被捕押解到哈尔滨后,日寇和伪满的警察头目立即对她审讯。由于负伤，不断流出的鲜血湿透了她的棉衣，但她仍滔滔不绝地痛斥日寇在华的暴行。恼羞成怒的日本特务，竟用竹签钉她的指甲缝，还用鞭子狠抽伤口，使她几次昏死过去。后来她被送到医院，伤势刚好一点时又在病床前被审问，赵一曼依然坚不吐实。在日寇的拳打脚踢下她的伤口再度破裂，又昏迷过去。医护人员甚至看守的警察都对她敬佩不已。

赵一曼牺牲前，十分想念儿子。当年临产时，她在宜昌做地下工作，孩子就生在陌生的好心妇女的半间砖房中。在去上海找党组织的途中，身无分文的她背着孩子一路讨饭，差点在上海街头把孩子卖掉。临刑前一天，赵一曼给"宁儿"的遗书催人泪下——"母亲对于你没有能尽到教育的责任，实在是遗憾的事情。母亲因为坚决地做了反满抗日的斗争，今天已经到了牺牲的前夕了。希望你，宁儿啊！赶快成人，来安慰你地下的母亲！在你长大成人之后，希望不要忘记你的母亲是为国而牺牲的！"

1936 年 8 月 2 日，敌人把她押到珠河县，在处决前游街示众时她一路唱着《红旗歌》，沿途许多群众感动得流泪。她就义时，年仅 31 岁。

☞ 马占山是如何不听蒋介石命令并得到全国人民爱戴的

马占山（1885—1950），字秀芳，祖籍河北丰润，生于奉天怀德县（今吉林公主岭），是著名的抗日英雄。

马占山从小给地主放马，后因丢失一匹马，被迫逃亡从军。1911 年他投靠清军奉天后路巡防营统领吴俊升，从四营中哨哨长、连长、营长、团长、旅长升任东北边防军骑兵师师长和黑河警备司令等职。

1931 年"九一八事变"后，马占山出任黑龙江省政府代理主席兼军事总指挥。在蒋介石下达"绝对不抵抗"密令后，日本关东军无理要求中国军队撤离江桥（嫩江铁桥）时，马占山明确表示"吾奉命为一省主席，守土有责"，"一息尚存，决不敢使尺寸土地沦于异族"。

在日军进犯江桥时，马占山下令抵抗。由于敌众我寡，没有后援，加上装备简陋，伤亡很大，鏖战了半个月，不得不撤离江桥。

江桥抗战成为中国军队在正面战场的第一次抗日战役，给全国人民以莫大的鼓舞，人们称赞他“为国家保疆土，为民族争光荣”，是当代的“爱国军人”和“民族英雄”。上海、哈尔滨等地组织了“援马抗日团”，卷烟厂还生产了“马占山牌”香烟。

☞ 佟麟阁和赵登禹两位爱国将领是怎样抗日的

佟麟阁，字捷三，河北高阳人。20 岁时参加了冯玉祥的部队，先后任连长、营长、团长、师长等职。1936 年夏，调任陆军第二十九军副军长，驻南苑。

赵登禹，字舜臣，山东菏泽人。1914 年入陕西第十六混成旅，1922 年任排长，1927 年升任旅长。1933 年长城抗战中，赵登禹率部队奉命坚守喜峰口。由于火炮很少，白天受到日军轰炸，而不能将其压住，他根据敌情，夜袭日军阵地，用大刀片砍出了中国军队的威风，砍出了中华民族的骨气，还砍出了风靡全国的《大刀进行曲》，使日军不得不放弃占领喜峰口的企图。这是自“九一八”以来中国军队的第一次胜利，赵登禹也成为了全国人民心中的英雄。战后，赵登禹因功升任二十九军一三二师师长。1936 年 1 月，授予陆军中将。

1937 年 7 月 7 日，“卢沟桥事变”爆发。7 月 28 日，在守卫北平南苑的战斗中，赵登禹、佟麟阁先后殉国。先是英勇杀敌的赵登禹中弹倒在农田里，他的传令兵立即向南苑总部报告，佟麟阁副军长急忙赶来，将其抬上担架时，赵登禹忍着伤痛说：“军人战死沙场原是本分，没有什么值得悲伤的。只是老母年高，受不了惊慌，还请副军长派人替我安排一下，此外我也没有什么心事了。”可是，佟麟阁在这不久，也壮烈牺牲了。

后来，国民政府追赠两位将军为上将。中国共产党在新中国成立后追认两位英雄为烈士。

☞ 日寇为什么会为杨靖宇举行葬礼

1905年，杨靖宇出生于贫苦农家。1926年入党，后被派往东北进行斗争，成为东北抗日联军的重要创建者和领导人。他曾对人说，自己上过两个大学，一个是“社会大学”，一个是“监狱大学”。从事白区工作时，他曾5次被捕，入狱2年多。1929年，到抚顺日本人开办的矿山搞工运时被叛徒出卖。日本特务认定他是“头目”，施以灌辣椒水、灌煤油、上大挂、坐老虎凳等酷刑，连续折磨了五六天。他虽奄奄一息，却始终不招供。在狱中，他刻苦学习，出狱后便带着新学的知识和更坚强的意志奔赴新的战场。

1939年冬，日寇对我抗日联军进行封锁和“讨伐”。杨靖宇把队伍化整为零后突围，自己身边只剩两人。1940年2月18日，两个警卫员下山买粮牺牲。2月23日，他孤身下山也被围，战至最后，壮烈就义。

日军根据追踪估算，认为他缺粮已有半个月，完全断粮也在5天以上，能够在零下20摄氏度的山林中坚持下来简直不可思议，于是将遗体送到县医院解剖。当肠胃被切开后，看到的只是草根和棉絮，在场的中国护士禁不住流下热泪，凶恶的日本军官也不得不承认这是条好汉。日本关东军为庆祝所谓“胜利”，将杨靖宇的头颅割下送到伪满的“新京”（长春）保存，同时又在烈士殉难处破例举行了一个祭奠仪式和葬礼，以杨靖宇的顽强为例训斥部属。

☞ 左权将军是如何壮烈殉国的

左权于1905年出生于湖南醴陵。小学时，他的学习成绩就十分优异。人们称赞他写文章是“为文豪放，下笔辄千言”。1924年入黄埔军校第一期学习。1925年加入中国共产党。同年参加了两次讨伐军阀陈炯明的东征。不久，赴莫斯科中山大学学习。1927年又转入苏联伏龙芝军事学院深造，表现出了自己追求进步的诚朴本色。1930年，左权回国后到了苏区，参加了红军的领导工作。后任红一军团参谋长，参加了举世闻名的二万五千里长征。

全国抗战爆发后,左权任八路军副参谋长。他曾经给母亲写信说:“我也决心与华北人民共艰苦,共生死。”1940年,他与彭德怀一起指挥百团大战,取得重大胜利。

1942年5月,日军出动2万多兵力围攻八路军前方总部所在地山西省辽县麻田镇,左权主动承担掩护总部直属机关转移的任务,他表示“太行山压顶也决不动摇!”他率领警卫部队多次打退敌人的进攻,使总部和当地群众得以安全转移。在山西省辽县麻田附近指挥突围战斗中,不幸中弹,壮烈殉国。左权是在抗日战争中牺牲的八路军最高将领。为了永远纪念这位忠诚的战士,根据地人民把左权牺牲地辽县改名为左权县。

☞ 马本斋怎样领导回民支队进行抗日

抗日战争时期,在华北平原上,活跃着一支以回民兄弟为主组成的部队——回民支队。这支部队屡建战功,给日本侵略者以沉重打击,被八路军冀中军区誉为“无攻不克,无坚不摧,打不垮、拖不烂的铁军”。毛泽东称其为“百战百胜的回民支队”。马本斋就是这支英雄支队的司令员。

马本斋于1902年出生在河北省献县的一个回族农民家庭。早年投身奉军当兵,逐级升至团长。1931年“九一八事变”后,因不满蒋介石的不抵抗政策,毅然弃官返乡。全国抗战爆发后,在家乡组织回民义勇队,奋起抗日。1938年率队参加八路军,所部改编为冀中军区回民教导总队,任总队长。次年教导总队改称冀中军区回民支队,任司令员。马本斋作战勇猛,身先士卒,在回民支队和广大群众中有很高威望。从1937年至1944年,他率部经历大小战斗870余次,歼灭日伪军3.6万余人,打得敌人闻风丧胆。

马本斋在革命斗争中深深感受到党的伟大,决心加入中国共产党。他在入党申请书中写道:“我甘心情愿把我的一切献给伟大的中国共产党,献给为回族解放和整个中华民族的解放而奋斗的伟业。”1938年10月,马本斋光荣地加入了中国共产党。

由于长期的艰苦作战，马本斋身患重病。1944 年 2 月 7 日，病逝于山东莘县。

☞ 在枣宜战役中，张自忠中将是如何殉国的

张自忠（1891—1940），字荩忱，山东临清市唐元村人，张自忠将军是著名抗日爱国将领，也是中国抗战期间阵亡的集团军总司令。

1914 年，张自忠从济南法政学校毕业后到东北奉天投军，后来由排长升任连长、营长、团长、师长。1931 年 1 月至 5 月间，张自忠担任喜峰口前线总指挥，大败日军。

1935 年 6 月起，张自忠先后任察哈尔省主席、天津市长、北平市长等职。1937 年“七七事变”后，他于 9 月 3 日出走天津，再乘英国轮船去青岛，抵达南京。11 月起，代理五十九军军长。1938 年任三十三集团军总司令兼五十九军军长。1939 年晋升第五战区右翼兵团总指挥、陆军中将。

1940 年 5 月，日寇集结重兵进犯襄樊。张自忠将军指挥部队扼守襄河与敌人对峙，在方家集已打了一次胜仗。假若换了一个普通人，不求有功，但求无过，原可以敷衍过去。但张将军不是那种人，决心要渡河找敌人打，当时他能控制的部队只有 3 个团，其余部队均分散在各隘口，不能抽调，本来不应当冒险出击，但是张将军却不顾一切地主动进击敌人。1940 年 5 月 16 日，在与日军浴血奋战中，张自忠将军中弹殉国于宜城境内南瓜店。

这一仗，张将军不幸战死，我军损失了 3 个团，但敌人所付出的代价更大。从 5 月 1 日至 16 日，总计伤敌 45000 人以上，缴获大炮 60 余门，马 2000 余匹、战车 70 余辆、汽车 400 余辆。

☞ 北伐名将叶挺将军是如何走上抗日之路的

中国人民解放军 1955 年授衔时，陈毅对叶剑英感叹地说：“若是叶挺同志还在，就该有两个叶帅了！”

叶挺被誉为“北伐名将”，屡建奇功，威名远扬。他在陈炯明炮轰广州总统府时率部苦战，保护了孙中山和宋庆龄。孙中山十分感激，叶挺却从不把此事挂在嘴上。他精于练兵，长于野战，攻平江、战汨罗、夺汀泗、袭贺胜、破武昌……他率领的独立团打遍两湖无敌手，赢得“北伐先锋”和“铁军”称号。

叶挺曾参与领导南昌、广州两次起义，为执行党武装反抗国民党反动派的斗争方针和创建人民军队，做了重大贡献。

全国抗战爆发后，他又率新四军为中国人民而战，却遭遇“皖南事变”。1941 年 1 月在皖南新四军军部被国民党军队围攻的危急关头，叶挺率军血战却无力突围之际，他提出，以一身而赎部下，随后入狱。狱中，蒋介石亲自劝降。叶挺作《囚歌》以表心志：“为人进出的门紧锁着，为狗爬出的洞敞开着，一个声音高叫着：爬出来吧，给你自由！我渴望自由，但我深深地知道——人的身躯怎能从狗洞子里爬出！我希望有一天，地下的烈火，将我连这活棺材一齐烧掉，我应该在烈火与热血中得到永生！”

1946 年 3 月 4 日，经中共中央努力交涉，叶挺获释，并被批准重新入党。一个月后，他奉命赴延安参加中央整军会议时，乘坐的飞机在山西省兴县黑茶山遇雾，触山焚毁，不幸遇难。

☞ 狼牙山五壮士在什么情况下舍生取义，决不投降

1941 年 8 月，侵华日军对晋察冀军区发动“扫荡”。9 月 25 日，3500 多名日伪军包围河北省易县城西南的狼牙山。

八路军晋察冀军区第一军分区第一团第七连奉命掩护指挥机关和群众转移后，当晚六班奉命坚守山脚的东口到棋盘陀的阵地，钳制日伪军，掩护连队转移。战至次日，打退日伪军多次猛烈的进攻，毙伤 90 余人，完成了掩护任务。

为了不让日伪军发现转移的方向，他们毅然向棋盘陀顶峰撤退，把日伪军引向悬崖绝路，子弹、手榴弹打完后，就用石块砸击，面对步步紧逼的日伪

军，宁死不屈。

最后，在班长马宝玉的带领下，砸烂武器，纵身跳下悬崖。当时“红一团”团长邱蔚在距狼牙山棋盘陀峰5公里的另一座山峰上用望远镜目睹了战斗全过程，他对身边的人员哽咽地说：“七连是好样的，六班是好样的！”敌人撤离后，邱团长立即组织突击救护队，抢救“五壮士”。五勇士跳下悬崖后，葛振林（副班长）和宋学文被树枝挂住，绝处逢生；马宝玉、胡德林、胡福才3人壮烈牺牲。为表彰这一壮举，八路军晋察冀军区领导机关授予马宝玉、胡德林、胡福才三烈士模范荣誉战士称号，授予葛振林、宋学文勇敢顽强奖章。战后，人民政府在棋盘陀顶峰建狼牙山三烈士塔，1959年5月三烈士塔重建，易名为三烈士纪念塔。

☞ 抗日小英雄“小兵张嘎”是如何机智勇敢斗敌人的

《小兵张嘎》是作家徐光耀创作的一部著名小说，后来被改编成了电影、电视剧，嘎子与鬼子、汉奸做斗争的机灵样子也深入人心。小兵张嘎的原型远不止一个，而是当年抗日小英雄群体的缩影。也就是说，他是根据真人真事写成的。有位绰号燕嘎子的抗日小英雄燕秀峰，14岁参加游击队，在冀中地区赫赫有名，令日、伪军闻风丧胆。还有个叫赵波的，也是十几岁就参加了白洋淀上的雁翎队，人称他是英勇机智嘎小子。

燕秀峰5岁时，父亲被地主活活打死了，母亲连气带病去世。燕秀峰从14岁起就成为游击队中最年轻的小战士。在与敌人的斗争中，燕秀峰练出了一手好枪法，举枪点射飞鸟，可以一弹穿俩，伪军们吃尽了他的苦头；燕秀峰调皮活泼，打鬼子点子多，被战友们亲昵地称为“嘎子”，时间长了，人们便叫他“燕嘎子”。一次，燕嘎子一人去苟各庄搜集情报，和一个汉奸相遇，燕嘎子竟然将荷枪实弹的汉奸活捉了回来。

当年白洋淀的人民与日军展开了殊死的斗争，成立了使鬼子闻风丧胆的“雁翎队”，赵波便是其中一员。徐光耀曾问赵波：“你小时候喜欢做什么？”“喜欢爬树、打架、掏喜鹊蛋！”赵波告诉他。于是就有了电影《小兵张

1941年9月,日军集中7万人对晋察冀根据地进行大规模“扫荡”,第一军分区第一团第七连担任防御。9月25日晨,日军约2000人开始向狼牙山进攻,第一团团长给七连的任务是坚守到中午12点,然后撤出战斗,向主力靠拢。

嘎》中爬树藏枪掏老鸹窝、和胖墩打架、木枪“缴”了罗金保的真枪、点小褂烧炮楼、活捉翻译官等趣事。电影《小兵张嘎》的拍摄场景地就是赵庄子，小兵张嘎家的房子就是赵波家的老房子。

☞ 五分钟谱出《救国军歌》的冼星海的经历是怎样的

冼星海(1905—1945)，是聂耳之后又一杰出人民音乐家，曾用名黄训、孔宇，祖籍广东番禺，出身于澳门贫苦船工家庭。

1918 年，冼星海考入岭南大学附中学习小提琴，半工半读时，参加了乐队并担任小提琴、单簧管演奏员和指挥。1926 年，到北京选修小提琴，因很晚才开始学，曾被讥笑为“宰鸡能手”——琴声像杀鸡一样难听，但他却经努力成为小提琴大师。

1929 年夏，冼星海因参加学潮被迫退学后，赴素有世界音乐文化之都的巴黎勤工俭学，靠在餐馆、理发店等做杂役维持生活，曾几次晕倒险些被送进陈尸所。1931 年他考入巴黎国立音乐学院，创作有《风》《游子吟》《中国古诗》等 10 余部作品，反映了强烈的思乡爱国情怀。

1935 年，他回国后积极投入抗战歌曲创作和救亡音乐活动，并为进步电影《壮志凌云》《青年进行曲》及话剧《复活》《大雷雨》等作曲，后参加上海救亡演剧二队并赴武汉与张曙一起开展了救亡歌咏运动。宣传活动时，国民党派保安队到现场阻止学生，形势紧张，诗人塞克把自己的诗交给他，冼星海怀着满腔激愤，朗诵了两遍后，倚着墙仅用 5 分钟就写出曲谱——“枪口朝外，齐步前进，不伤老百姓，不打自己人……”这首《救国军歌》当场在学生中唱响，随后老百姓甚至保安队的士兵也跟着唱，很多人边唱边流泪。

1938 年，冼星海到延安任鲁迅文学艺术学院音乐系主任，并在延安女子大学兼课。其间，谱写了《黄河大合唱》这部名垂青史的巨作。1940 年，冼星海被党派到苏联留学；次年苏联卫国战争爆发无法回国，因生活艰苦疾病缠身，于 1945 年 10 月 30 日在莫斯科病逝，年仅 40 岁。

☞ 战士张思德是一个怎样的人

1944 年 9 月 8 日，抗战胜利的黎明就要来临之际，毛泽东参加了普通战士张思德的追悼会，亲笔写了挽词，发表了著名的演说《为人民服务》。这不仅为当时的党和军队指明了方向，至今仍有其现实意义。

张思德于 1915 年出生于四川省仪陇县一个贫苦农民家庭，母亲和几个哥哥都死于饥寒交迫之中，父亲也远走他乡。张思德被叔父叔母收养。

1933 年 8 月，红四方面军解放了仪陇县，张思德报名参加少先队。他积极帮助红军筹粮款，受到乡苏维埃的嘉奖。两个月后又加入红军，当通讯员，在瓦子寨战斗中立功一次。同年冬，他随部队转战四川，被调到省军区指挥部政治部当交通员，并加入共青团。他在战斗中浑身是胆，被誉为“小老虎”。

1937 年全国抗战爆发，张思德所在部队在开赴前线前留下老弱病残，编成了一个警卫连。张思德因伤病也被编入警卫连，任副班长。1937 年 10 月，他加入了共产党，次年春任班长。1940 年被调往延安，在中央警卫营任通讯班长。

1942 年 10 月，警卫营与中央教导大队合编为中央警卫团，张思德由班长被改为战士，从班长“降级”到战士，他却没有任何怨言。1944 年夏天，为抓好根据地生产，张思德带领 4 个战士到安塞县烧炭。9 月 5 日中午时分，窑洞即将挖成却突然塌方，张思德奋力把开窑口的战友推出洞去，自己则被埋在窑里牺牲，时年 29 岁。

☞ 南洋华侨领袖陈嘉庚用什么样的实际行动支援国内抗日

陈嘉庚（1874—1961），是中国现代爱国华侨领袖，福建同安集美村（今属厦门市）人。早年随父往新加坡经商，后经营菠萝和橡胶种植业。1907 年加入同盟会，曾以巨款资助辛亥革命。长期从事华侨和家乡的文化教育公益事业。1912—1920 年间，先后在集美创办多所学校。1918 年在新加坡创办南洋华侨中学。1921 年克服种种困难创办厦门大学。

在祖国遭受日本侵略时，陈嘉庚不遗余力参与抗日救国活动。1923 年，他创办《南洋商报》，提出抵制日货。1928 年，组织“济南惨案筹赈会”，担任会长。1932 年，在新加坡发动华侨筹款支持十九路军保卫上海。全国抗战爆发后，他倡建南洋华侨筹赈祖国难民总会，并担任主席；在报刊上发表“组织华侨千百万，复兴中华一条心”的誓言，并代表华侨界通电国民政府，抨击汪精卫的投降言论。华侨在抗战期间的经济支持，占了当时国民政府抗战军事费用的大部分。在陈嘉庚和南侨总会宣传组织下，3200 多名司机、机工及许多医生、护士回国服务。1939 年，陈嘉庚率南侨慰问团回国视察，被毛泽东誉为“华侨旗帜，民族光辉”。太平洋战争爆发，日军占领新加坡，悬赏百万捉拿陈嘉庚。在印尼华侨和集美、厦大校友的掩护下，陈嘉庚在爪哇避难 3 年，其间写出《南侨回忆录》。

抗战胜利后，陈嘉庚反对美国援助蒋介石，以南侨总会主席名义致电美国总统和国会表示抗议，并抵制国民党的国民大会。1949 年，回国出席中国政协第一届全体会议。1961 年 8 月 12 日，陈嘉庚先生在北京逝世，终年 87 岁，国家给予国葬的哀荣，灵柩运回集美。为表纪念，国际小行星委员会特批准将太空中的一颗明亮之星命名为“陈嘉庚星”。

抗日同盟

☞"保卫中国同盟"是个什么样的组织

1938年6月14日,"保卫中国同盟"在香港宣告成立,由宋庆龄担任主席。经宋庆龄邀请,国际友人克拉克女士任名誉书记,诺曼·法朗士教授担任名誉司库,爱泼斯坦先生负责宣传工作。此外,廖梦醒、邹韬奋、许乃波等参加了"保盟"的工作。

在以宋庆龄为首的"保盟"中央委员会下面,设有由法朗士负责的财政委员会;由贝克登负责的运送委员会;由邹韬奋负责的宣传出版委员会;由玛丽恩·苔德莉女士负责的促进委员会等。

"保盟"成立宣言强调:"保盟目标有二:一、在现阶段抗日战争中,鼓励全世界所有爱好和平民主的人士进一步努力以医药、救济物资供应中国;二、集中精力,密切配合,以加强此种努力所获得的效果。"

"保盟"的主要任务是"成为需要者和资金、物资捐赠者之间的桥梁"。同盟成立后,积极从事"国际范围内筹募款项,进行医药工作、儿童保育工作与成立工业合作社活动"等。

"保盟"自1938年6月14日创建后,先后经历了抗日战争、解放战争和建国发展三个时期,在这三个时期分别称为保卫中国同盟、中国福利基金会和中国福利会,宋庆龄亲自领导这个机构长达43年之久,在不同时期都做出了重大贡献。

☞为什么说白求恩是伟大的国际共产主义战士

诺尔曼·白求恩于1890年出生在加拿大安大略省的一个宗教家庭。在读多伦多大学期间,他为筹学费当过侍者和锅炉工,广泛地接触了劳苦群众。

1914年"一战"爆发后,他参军到欧洲前线,当过担架员、副医官,曾负过伤。战争结束后,又在英国实习外科,成为一代名医。当时易患重病的穷人看不起病,生活优裕的富人们却是诊所常客,他就故意对富人多收费、对穷人少收费甚至免费。

1935年，白求恩参加国际学术会议时在苏联接受了马克思主义，同年11月加入了加拿大共产党，决心既医治病人也医治社会。1938年1月，他受加共派遣，到"红都"延安，随后到晋绥边区前线和五台山区，主持建立了医院和军区卫生学校，亲自编写各种教材并讲课，还经常在火线进行手术。他过着与战士们一样艰苦的生活，却承担了远超出常人想象的工作量：年近50岁的他曾连续为115名伤员做手术，69小时里没有任何休息，中间还两次为伤员输血，每次300毫升！

白求恩还应邀参加了晋察冀边区党代会，成为了中国革命队伍内的一分子。1939年秋，他因日寇开始冬季"扫荡"，投入抢救伤员时不幸在手术中被感染，于11月25日逝世。

白求恩是加拿大共产党员，却工作战斗并最后牺牲在中国人民的抗日战争中，成为每个中国共产党人都要学习的光辉榜样。

☞ 印度名医柯棣华对中国的抗日战争做出了什么贡献

柯棣华，原名德瓦卡纳思·桑塔拉姆·柯棣尼斯，1910年出生于印度孟买的一个小镇，柯棣是他的姓，到中国后为表示在这奋斗的决心又在姓后加了一个"华"字。

他的父亲就有民族解放思想，曾带他参加过抵制英国货的运动。1936年，柯棣华从医学院毕业，看到大量因无钱治疗而死的人，也阅读到马克思主义著作，开始思考用社会主义改造社会。

1937年，中国全国抗战爆发，正打算报考英国皇家医学会的柯棣华却和巴苏大夫等5人组成了援华医疗队，来到中国。起初他们在国民党军医院中受到款待，后来对共产党产生了向往，冲破重重阻碍后于1939年2月抵达延安到八路军总院工作。同年秋，他们提出追随白求恩的足迹去前线，又到太行山区进行支援。

1940年3月，柯棣华进入晋察冀边区随部队转战数千里，还参加了一次伏击日寇的战斗。百团大战期间，他在距火线仅一两里处设立救护所，挽救了许多战士和百姓的生命。他自己吃黑豆、野菜,把自己的罐头、滋补品让给伤病员。

1942 年夏,柯棣华癫痫发作,仍不顾危险继续工作。同年 7 月 7 日,他光荣加入中国共产党。12 月 9 日,写讲义时突然发病,不幸逝世,年仅 32 岁。

毛泽东认为,柯棣华的牺牲是“全军失一臂膀,民族失一友人”。这个身为中国共产党党员的印度名医把壮丽年华乃至生命都献给了中华民族的解放事业。

☞ 滇缅公路对抗战有何意义

1937 年“七七事变”后,日军占领了大片中国领土,抗日战争处在艰难危急之中。大后方的云南人民紧急行动起来,从 1937 年 11 月开始,用锄头挖开大山,用箩筐背石运土,用自己的双手铺路搭桥,至 1938 年 8 月,仅用 9 个月的时间就在莽莽群山之中建好了全长 959.4 公里的滇缅公路,这一壮举震惊了中外,外国朋友说“这是用手指抠出来的公路”。它虽然道路崎岖、地形复杂,却有力地支持了中国抗日。

1938 年,当日军切断了中国所有的海上和陆路交通线,妄图困死中国人民时,滇缅公路就从云南连接起了中国各主要战场,它成了唯一一条中国与外界联系的通道,被称作“中国的最后一条陆路输血线”。从 1939 年至 1941 年,由滇缅公路运入国内的战略物资,包括汽油、汽车、兵工武器、弹药、机电、轮胎、医疗药品、棉纱、布匹、通讯器材等就有 221577 吨。这些物资有力地增强了中国人民对日作战的力量。

日军派出成群的飞机对滇缅公路实施狂轰滥炸。1942 年 5 月,日军攻占缅甸,滇缅公路终被彻底切断。这直接导致飞越世界屋脊的“驼峰”空中运输线开通。

1945 年 2 月 4 日,一支由 100 辆美国军车组成的军用物资护送队经由新建成的滇缅公路抵达中国云南昆明。这是自 1942 年日本占领缅甸后中国首次恢复和外界的陆路运输。

☞“飞越驼峰”的壮举指的是什么

1941年7月，美国飞行教官陈纳德创立了“中国空军美国志愿援华航空队”，招募美军飞行员和机械师以平民身份参战，半年间击落敌机397架，夺回大西南上空的制空权。因为他们以插翅飞虎为队徽，把飞机头改成鲨鱼头形状，因此被人称作“飞虎队”。1942年7月，“飞虎队”解散。1943年，被改为第十四航空队，除了协助组建中国空军，对日作战外，还协助飞越喜马拉雅山，从印度接运战略物资到中国，以突破日本的封锁，人称“驼峰航线”。它是“二战”中规模最大、持续时间最长的战略空运，是世界航空史上的创举。

“驼峰航线”因气象条件恶劣，地形复杂，缺少导航和其他保障，又有敌机拦截，故被称为“死亡航线”。航线从印度阿萨姆邦汀江，经缅甸到中国昆明、重庆。运输机飞越青藏高原、云贵高原的山峰时，达不到必须高度，只能在峡谷中穿行，飞行路线起伏，犹如驼峰，“驼峰航线”由此得名。飞机飞行时常有强烈的气流变化，遇到意外时，难以找到可以迫降的平地。飞行员即使跳伞，也会落入荒无人烟的丛林难以生还，日军飞机的空中拦截也给运输队造成巨大威胁。在这条航线上，中美双方3年多共向中国战场运送了80万吨急需物资、人员33477人。航空队共损失563架飞机，牺牲1579名飞行员。在当时的危难情况下，“飞越驼峰”的壮举大大支援了中国抗日战场。美国飞行员与中国军民并肩作战，抗击日本侵略者，也充分体现出中美两国人民的友谊与合作精神。

☞苏联空军志愿队是怎样帮助中国抗战的

他们金发碧眼，他们讲俄语，他们比陈纳德的“飞虎队”更早地来到中国，他们为保卫中国与日本人血战长空，他们中有200多人永远留在了中国广袤的土地上，他们不被大多数中国人所知……他们，就是苏联空军志愿队。

全国抗战爆发后，中国军队基本丧失了制空权，只好向苏联请求大规模的援助。苏联不但援助中国225架战斗机，而且秘密地派出了最好的志愿者到中国帮助抗战。这一志愿航空队在1937年10月就来华参加抗战，到1939年2月参战的航空人员达到3665人，对外称“中国空军正义之剑大队”。据不完全统计，从1938年到1940年5月，他们就击落敌机81架，炸毁敌机近百架、敌舰船14艘。

鲜为人知的是，苏联飞行员还曾创造过当时的长途轰炸世界纪录。1938年2月初，日军扩建台北松山机场，大批战机进驻该基地，企图增援上海附近的日军部队。是时，势单力薄的中国空军苦撑战局已属不易，远程奔袭更无从谈起。蒋介石转向苏联援华志愿航空队求助。2月23日，是苏联红军节，这一天苏联援华志愿者驾驶28架轰炸机从汉口机场起飞，奔袭1000公里之外的台北。由于战术得当，苏联轰炸机投弹280枚后从容返航，无一损失，却炸毁日机40余架，破坏未组装的战机不计其数。

☞ 神山游击队等华侨武装是怎样打击日本侵略军的

在1942年马来半岛和新加坡沦陷后，日军对长期支持祖国抗战的华人社会进行残酷报复。从1942年2月开始，日军在新、马二地通过检证和肃清行动，几个月内血腥杀害15万华人。同时，通过华侨协会强迫华人每人缴纳5000元的“奉纳金”。在婆罗洲上的沙巴和沙捞越，日本当局除了杀害大批华人外，还强行勒索310万元的“奉纳金”。在日本宪兵队和政治部的横行下，华人的权利和自由被剥夺殆尽，生命毫无保障。

这时，水深火热中的华人同胞纷纷成立抗日部队，投入抵抗日军的斗争中，诸如新马华人抗日运动的主要军事力量——“马来亚人民抗日军”，人数约有5000人。一三六部队的华人队员也为抗日活动做出了贡献。在沙巴的“神山游击队”更是威震一时。

神山游击队是在北婆罗洲亚庇地区华侨抗日武装，活动地区在基纳巴卢山麓。基纳巴卢山又称中国寡妇山，被当地土著居民奉为神山，在此活动的华侨抗日武装故名神山游击队。1942年年底由救华会改组的神山游击队，以郭益南为总指挥，成员170余人。1943年4月至9月间，两次与塔威塔威岛的盟军联系，游击队曾发展到2000多人，多次给日军以重创，曾一度攻占亚庇城，后不幸落败。

1945年8月15日，日本无条件投降，太平洋战争终告结束。华人积极抗日所做出的重大贡献获得当地各民族以及全世界的肯定。

☞ 珍珠港事件对中国抗日有何影响

1941年12月8日，日本一支庞大的联合舰队袭击了珍珠港，它是美国太平洋舰队在夏威夷瓦胡岛上的基地。

当日清晨7时许，由183架飞机组成的首批攻击机群猛烈攻击港内美国舰队。1小时后，日军出动191架飞机编队，实施第二次攻击。7时58分，珍珠港电台用明语喊话："空袭珍珠港。警报，这不是演习。再重复一遍，警报，这不是演习。"

9时30分，空袭结束。美国8艘战列舰被炸沉5艘、损伤3艘，有40余艘舰艇沉没或毁坏。岛上美军机场全部被毁，损失飞机250架，死伤者达3400多人。日军仅损失微型潜艇5艘、飞机29架，战死者不足百人。幸运的是，太平洋舰队的航空母舰在开战前夕驶离了珍珠港，从而保住了日后向日本讨还血债的本钱。

偷袭珍珠港标志着太平洋战争爆发。12月8日，美国向日本宣战；12月9日，迟至"七七事变"爆发4年后，中国才正式向日本宣战。日军偷袭珍珠港事件，直接导致美国走出孤立主义，投入"二战"，从而彻底扭转了"二战"局面。从此，中国不再独立对日作战，抗日战争正式成为第二次世界大战的一部分。

☞ 为什么说中途岛战役扭转了太平洋战局

1942年5月5日，日本占领了向南推进的极限——所罗门群岛中的瓜达卡纳尔岛。5月7—8日,日军在珊瑚海激战中受挫,于是把力量转到太平洋中部,以夺取战略地位极为重要的中途岛,消灭美军前进的基地。面积只有4.7平方公里的中途岛处于亚洲和北美的太平洋航线中途,距旧金山和横滨均为2800海里,故名中途岛,是美国在中太平洋地区的重要军事基地和交通枢纽。

日本山本大将亲自指挥强大的联合舰队,南云忠一率第一航空母舰舰队任主攻。截获了日军密电的美舰队虽力量较弱,却对其作战计划了如指掌,乃隐蔽待机歼敌。6月3日,日各舰队到达指定位置。南云忠一命航空母舰上第一批108架飞机袭击中途岛,第二批飞机在甲板待命。日侦察机发现了美国舰队,日机都卸下炸弹改装了鱼雷。突然,37架美俯冲轰炸机直扑日航空母舰"赤忱号"和"加贺号",另17架直扑"苍龙号"。三舰中弹后即引发炸弹爆炸,弹片穿过甲板,又在船体深处爆炸,三个显赫一时的庞然大物沉入海底。山本得讯,命令所有舰队集中攻击中途岛。日机炸毁美航空母舰"约克顿号",但美机很快又炸沉日航空母舰"飞龙号"。此役日军损失巨型航空母舰4艘、重巡洋舰1艘、飞机400多架、兵员3500人,其中包括几百名熟练飞行员。

中途岛战役后,日军被迫转攻为守,无可奈何地承认"太平洋上的主动权转入敌人手中"。

☞《开罗宣言》对中国统一的意义何在

《开罗宣言》是第二次世界大战后期的一份国际协定,重新肯定了台湾是中国领土不可分割的一部分。

甲午战争战败后,清政府与日本签订了丧权辱国的《马关条约》,将中国领土台湾割让给了日本。当世界人民反法西斯战争处于转折点,在意大利战败后德日法西斯仍继续顽抗的时候,中、美、英三大盟国首脑及其随行人员于1943年11月22—26日在埃及开罗举行会议,共商作战大计。

会后,中、美、英三国首脑于1943年12月1日,共同签署了具有伟大历史意义的《开罗宣言》，并同时在重庆、华盛顿和伦敦发表，其中指出：“我三大盟国此次进行战争之目的，在制止及惩罚日本之侵略”，“剥夺日本自1914年第一次世界大战开始以后在太平洋上所夺得或占领之一切岛屿，在使日本所窃取于中国之领土，例如满洲、台湾、澎湖列岛等，归还中国。日本亦将被逐出于其以暴力或贪欲所攫取之所有领土”。

《开罗宣言》明确规定“台湾、澎湖列岛等归还中国”。两年后，即1945年8月15日，日本侵略者宣布无条件投降，10月25日，在台湾省台北市举行了受降仪式，宣告自即日起，台湾及澎湖列岛正式重入中国版图，所有一切土地、人民、政事皆置于中国主权之下。至此，台湾重归中国主权管辖。这一事实证明，历史已按照《开罗宣言》永久地确立了海峡两岸同属一个中国的原则。

☞ 硫黄岛血战对日军南太平洋战局有什么影响

1945年2月至3月，美军和日本守军在日本最大的岛屿——硫黄岛进行激战。这是整个太平洋战役的转折点，也是美海军陆战队历史上最为惨烈的战斗之一。6821名美军阵亡或失踪，19217名美军受伤，2648名美军患上战斗疲劳症。日本守军也损失惨重，22000名守军惟有212名生还。

登陆硫黄岛是美海军陆战队史上单次作战行动规模最大的一次，共动用了80000多人。在进攻日开始前，盟军已对该岛进行了长达几个星期的轰炸。但开始登陆后仍然受到了日军顽强抵抗。岛上没有植物，四处弥漫着硫黄的臭气，作战十分艰难。而日军已提前在岛上修建了大量地下掩体，有时美军甚至能听到日本兵在地下说话的声音，但却难找到对方。同时，日军早已在岛上布置炮火、埋下地雷。仅第一天，登陆部队伤亡人数就达2420人。

4天后，美军才在硫黄岛山峰上升起美国国旗。以后，美军又进行了一个多月的战斗，损失了4000多人，才完全占领该岛。

硫黄岛距离日本东京约为1200公里，占领它后，盟军拥有了一个轰炸东京的重要基地。而该岛也是日本人心中真正的自己的领土,攻下它就进入了日本的领土,日军士气大受打击。

硫黄岛的胜利为推翻日本军国主义起到了重要作用,成为“二战”太平洋战场上的重要转折点。

☞《联合国宪章》的签订对中国战场有何影响

1945 年 10 月 24 日,联合国在美国旧金山成立,1945 年 6 月 26 日中国代表团在《联合国宪章》上签字。在中国抗日战争仍未结束时签订的《联合国宪章》,对于指导中国及其他国家在战争结束后共同维护世界和平起到了积极作用。

《联合国宪章》的制定和联合国的诞生是现代国际关系史上的一件大事,也是“二战”后规划和平体制的一项重大成就,它反映了各国民众的和平愿望。从酝酿建立联合国到签署《联合国宪章》历时约 4 年之久。1941 年 6 月,英、美、法等国的代表在伦敦发表《同盟国宣言》,提出了维护和平、制止侵略和促成国际合作的原则。后来历经《大西洋宪章》《联合国家宣言》《普遍安全宣言》等多次协商,提出了组织联合国的方案,拟定出《联合国宪章》的基本轮廓。1945 年 4 月 25 日,50 国代表开始在旧金山举行“联合国国际组织会议”,6 月 25 日一致通过了《联合国宪章》,并于次日举行签字仪式。《联合国宪章》于同年 10 月 24 日起生效,联合国正式成立。

《联合国宪章》被认为是联合国的基本大法,它既确立了联合国的宗旨、原则和组织机构设置,又规定了成员国的责任、权利和义务,以及处理国际关系、维护世界和平与安全的基本原则和方法。遵守《联合国宪章》、维护联合国威信是每个成员国不可推脱的责任。

☞ 中国劳工为什么要发动“花冈暴动”

侵华期间,日本侵略者不仅疯狂地掠夺中国的物产资源,而且通过种种残酷、卑鄙的手段，疯狂掠夺中国劳动力资源。从1943年3月到1945年5月止，共强行掳掠38935名中国劳工到日本国内。

1945年6月30日，在位于日本本州岛北部花冈，以耿谆为首的700多名中国劳工不堪忍受非人的虐待，拼死抗争，发动了捍卫人的尊严的起义，这是"二战"期间被侵占国人民在敌国土地上举行的唯一一次武力抗争，史称"花冈暴动"。

1944年春，在洛阳保卫战中，时任国民党第十五军连长的耿谆因负伤被日军俘虏。8月，他与另外299名中国劳工抵达日本花冈町中山寮，开始了在这座"人间地狱"饱受残酷虐待的苦难生活。后来陆续有986名中国劳工在这里被强迫为日本企业做苦役。

劳工们每天被迫从事15—16小时的超强度劳动，由于严重的饥饿劳累，加上日本监工的打骂摧残，仅半年时间，就有200多人死于非命。在大队长耿谆的率领下，幸存的700余名中国劳工发动了以死反抗日本侵略者暴行、捍卫民族尊严的暴动。后遭到日本军警血腥镇压，又有100多名中国劳工被害致死。至此，共计418名中国同胞在花冈死于非命。这便是震惊中外的"花冈惨案"，也即"花冈暴动"。

☞ 著名作家郁达夫在南洋是如何进行抗日的

郁达夫（1896—1945），名文，字达夫，浙江富阳人。7岁入私塾受启蒙教育，后到嘉兴、杭州等地中学求学。少时即有中国古典文学的深厚基础，1911年起开始创作旧体诗。1912年考入之江大学预科，因参加学潮被校方开除。1913年赴日本留学，饱受屈辱和歧视的异国生活激发了他的爱国热情，广泛涉猎了中外文学和哲学著作后，他从研究经济学转而走上文学创作的道路。1921年参与发起成立创造社，出版了新文学最早的白话短篇小说集《沉沦》，以其"惊人的取材、大胆的描写"而震动了文坛。1922年回国后参加编辑《创造》季刊、《创造周报》等刊物。1928年与鲁迅合编《奔流》月刊，并主编《大众文艺》。1930年中国自由运动大同盟成立，他为发起人之一,并参加中国左翼作家联盟。1933年年初加入中国民权保障同盟。

郁达夫在文学创作的同时,积极参加各种反帝抗日组织,先后在上海、武汉、福州等地从事抗日救国宣传活动。1938年年底,他应邀赴新加坡办报并从事宣传抗日救国,新加坡沦陷后流亡至苏门答腊,被迫做日军翻译时还与日本宪兵部苦心周旋,利用职务之便暗暗救助、保护了大量文化界流亡难友、爱国侨领和当地居民。

因民族败类告密,在人民欢庆抗战胜利之际,1945年8月29日,郁达夫被日本宪兵残酷杀害,终年49岁。1952年被中央人民政府追认为革命烈士。

☞ 日本为何不在《波茨坦公告》公布日宣布投降

1945年7月26日,中、美、英三国(后又有苏联参加)签署《波茨坦公告》,促令日本无条件投降。《波茨坦公告》重申"《开罗宣言》之条件必须实现","(战后)日本之主权,只限于本州、北海道、九州、四国及盟国确定的小岛之内",明确无误地确认了中国对台湾的主权。

但在《波茨坦公告》公布后,日本并没有马上投降,而是等到广岛和长崎被原子弹轰炸、苏联红军进攻侵略中国东北的日军之后才正式投降的。这是为什么呢?说来让人啼笑皆非,这是因为一个日本人用错了一个字而铸成的大错。

当时,日本天皇一收到《波茨坦公告》就明确表示可以接受。内阁成员也都在考虑接受公告的内容,但因声明还没有通过正式途径送到内阁成员手中,因此铃木首相在7月28日接见新闻界人士时说,内阁对声明执行一种"默杀"政策,意思是不加评论,并暗示将有某项重大事件发生。可是日文中的"默杀"除作"暂不评论"的解释外,还可以解释为"不予理睬"。同盟新闻社的译员们无法知道铃木内心所想。他们在译成英文时,选择了"不予理睬"的释义。要不是这个灾难性的差错,日本也许可以躲过原子弹的袭击和苏联红军的进攻。

☞ 美国用两颗原子弹轰炸日本的过程是怎样的

1945年,为在军事上领先苏联一步以便于争夺日本,美国总统杜鲁门决定用威力巨大的原子弹进攻日本。

美国第一颗作战原子弹被运到美国提尼安岛空军基地,决定由一架序号为82号的B-29型轰炸机投掷。82号B-29型轰炸机由蒂贝斯上校担任正驾驶,机组人员无一人了解原子弹的构造,技术专家柏森斯上校奉命随机飞行,一旦没有完成任务被捕,柏森斯将自尽。

随82号机一同行动的还有五架B-29型轰炸机,其中两架负责侦察,三架随时报告天气情况。然后根据天气情况确定轰炸地点——广岛、长崎或小仓。

8月6日凌晨2时40分,行动开始了,82号机临时命名为“依诺阿盖依号”,这是蒂贝斯的母亲的名字。飞机升空后,柏森斯上校打开了原子弹的保险装置,装上引爆器。用丘吉尔事后的话来说,82号机上装了一个“愤怒的基督”,再过几个小时,他就要降临人世了。

7时,天空一片晴朗。7时30分,确定目标:广岛。

9时整,“依诺阿盖依号”机组人员戴上了厚厚的墨镜,这是为了防止强光灼伤眼睛。

9时16分,原子弹被投出弹舱。原子弹在离地面600米处爆炸。在闪光、声波和蘑菇状烟云之后,火海和浓烟笼罩了全城,在方圆14平方公里内有6万幢房屋被摧毁,广岛30万居民中有将近一半瞬间被夺去了生命,成千上万的人由于受辐射而死。

8月9日,美军又在长崎投下第二枚原子弹,造成7万多人死亡,受灾人数达12余万人。美军投放原子弹不是战胜日军的决定性因素,但起了震慑作用,加速了日本的投降。

☞ 苏联为什么会出兵东北

斯大林原定1945年8月11日对日发动进攻,后因美国在日本广岛投放原子弹而提前。8月8日,苏联对日宣战;8月9日,苏联军队150多万人从东、北、西三个方向,在4000多公里的战线上越过中苏、中蒙边境,向日本关东军发动进攻。

1945年8月15日正午,日本裕仁天皇通过广播宣布投降,但苏军总参谋部宣布将继续对日攻势作战。此段时间,由于日军的敢死队出动,导致苏军伤亡较为惨重。战事直到8月23日苏军占领旅顺港口才真正结束。

客观地讲,苏联出兵中国东北,加速了日本帝国主义的灭亡,但其出发点仍是为了苏联本国的利益。如,在1945年2月11日苏、美、英在雅尔塔秘密签订的《雅尔塔协定》中规定:在德国投降及欧洲战争结束后两至三个月内苏联将参加同盟国方面对日抗战,其条件为:外蒙古(今蒙古)的现状须予以维持;千岛群岛须交予苏联;大连商港国际化,重租旅顺口等。

☞ 日本的投降过程是怎么安排的

1945年8月15日,日本天皇裕仁以广播“停战诏书”形式正式宣布日本无条件投降。9月2日,日本代表在东京湾美国“密苏里号”战列舰上签署投降书。中国抗日战争暨世界反法西斯战争胜利结束。

9月9日,中国战区日本投降签字仪式在南京举行。会场布置呈“口”字形,受降席坐北朝南,以何应钦为最高受降官。投降席坐南朝北。观礼席在东西两侧,除国民政府的有关军政人员外,还有美国军官和中外记者。签字仪式的主持人是国民政府总参谋长萧毅肃。

9时半,日本侵华派遣军司令冈村宁次率领总参谋长小林浅三郎等人来到国民政府陆军总司令部。10时,在中国人员的押引下进入会场。冈村宁次进入礼堂,向何应钦敬礼后,低头入座。然后小林浅三郎向何应钦敬礼,领取投降书,交冈村宁次签字盖章。签字盖章后,再由小林浅三郎呈交何应钦。

小林浅三郎递交投降书后，冈村宁次立即率领投降代表退下恭立。其后，何应钦做了简短致词，受降签字仪式即告结束。

☞ 抗日战争胜利的伟大历史意义是什么

抗日战争是中国近代以来反侵略战争的第一次完全胜利。抗日战争是1931年9月至1945年9月，中国人民进行的14年反抗日本帝国主义侵略的伟大的民族革命战争，也是一百多年来中国人民反对外敌入侵第一次取得完全胜利的民族解放战争。这场战争是以国共两党合作为基础，有社会各界、各族人民、各民主党派、抗日团体、社会各阶层爱国人士和海外侨胞广泛参加的全民族抗战。中国的抗日战争是第二次世界大战的重要组成部分，为世界反法西斯战争做出了重大贡献。整个抗日战争期间，中国军队共进行大规模和较大规模的会战22次，重要战役200余次，大小战斗近20万次，总计歼灭日军150余万人、伪军118万人。战争结束时，接收投降日军128万余人，接收投降伪军146万余人。

但也要看到，中国军民为此次胜利付出了巨大牺牲。据不完全统计，八年全国抗战期间，中国军民伤亡3500万人，其中，“南京大屠杀”死亡34万人，细菌武器、化学武器致死100万人，“试刀”和“冲刺”训练致死200万人，“三光政策”致死318万人，军队伤亡380万人，1000万妇女受害。无数建筑、粮食、资源、文物等财富被焚烧、破坏、掠夺，损失达6000亿美元。因此，我们必须牢记历史，奋发图强，建设今天富强的新中国。

后　记

抗日战争是中华民族取得的一场伟大胜利，它是近代以来中国人民反抗外国侵略第一次取得完全胜利的战争，在中国历史上写下了壮烈光辉的篇章。日本军国主义发动的侵略战争，给中国和广大亚洲受害国人民造成了深重灾难，也使日本人民深受其害。“前事不忘，后事之师。”只有铭记那段惨痛历史，从中汲取深刻教训，才能防止历史悲剧重演。

抚今追昔，我们谨向在那场战争中为国捐躯的民族英烈表示深切的悼念和崇高的敬意，向惨遭侵略者杀戮的遇难同胞表示沉痛的哀悼，向曾经无私支持和参加中国抗战的海外华侨华人及所有国际友人表示诚挚的感谢。

与此同时，我们也要关注今天的中日关系，牢记历史之荣辱、明白今天之是非。正因为眼前的和平局面来之不易，我们更要谨奉一颗炽热爱国的心，正确地看待中日关系的一些问题，知大节、明大义，着眼于未来的发展。

本书是集体劳动的成果，来自成都理工大学四川省社科普及基地、全国科普创作与产品研发示范团队、四川省社会科学院、四川创新区域经济研究院等单位的作者们饱含着对抗日军民的无限敬意，以高昂的斗志激情精选了多条史实，以便读者们能在较短的时间里对抗日的历史有比较全面的了解。同时，本书得到了四川省科技计划项目（2014KZ0008）、成都市科协项目等方面的支持，并且参阅、借鉴及引用了大量前人文献资料。如有不足之处，恳切希望读者理解与批评。

编著者